CADERNOS DE PESQUISAS MAÇÔNICAS

ENCONTRO NACIONAL

CADERNO 21

CADERNOS DE PESQUISAS MAÇÔNICAS

Editora Maçônica "A TROLHA" Ltda.
Av. JK, 1.635 – sala 2 – Fone (43) 3337-1982 – Fax (43) 3326-0915
Cx. Postal 238 – CEP 86001-970 – Londrina – PR

Londrina, outubro de 2006

Coordenação Geral: **Conselho Editorial**
1ª Edição: **2006**
Tiragem: **2.000 exemplares**
Preparação e Diagramação: **Maristela Meneghetti**
Capa: **Ulisses R. M. Candreva**
Revisão: **Virgínia Cristina Audi Ayres**
Impressão e acabamento: **Artgraf - Gráfica e Editora**

Dados Internacionais de Catalogação na Publicação (CIP-Brasil)
CATALOGAÇÃO NA FONTE

C122 Cadernos de Pesquisas Maçônicas: Loja Fraternidade Brazileira de Estudos e Pesquisas, Juiz de Fora, MG. / Alberto Gabriel Bianchi... [et al.] . - 1ª ed. - Londrina: Ed. Maçônica "A TROLHA", 2006.
192p.; 20,2 cm. - (Cadernos de Pesquisas Maçônicas, 21).

ISBN: 85-7252-222-0

1. Maçonaria - História. 2. Maçonaria - Brasil. 3. Maçonaria - Ritos. I . Bianchi, Alberto Gabriel. II. Série.

CDD 366.1
CDU 061.236.6

Índices para Catálogo Sistemático:

1. Maçonaria : História.
061.236.6 (CDU)
2. Maçonaria : Brasil.
061.236.6 (CDU)
3. Maçonaria : Ritos.
061.236.6 (CDU)

EDITORA MAÇÔNICA "A TROLHA" LTDA.
Av. JK, 1.635 - sala 2 - Centro
86020-000 - Londrina - PR
Cx. Postal 238 - CEP 86001-970
Fone: (43) **3337-1982** - Fax: (43) **3326-0915**

Sumário

Apresentação

Além das dificuldades existenciais enfrentadas pelo homem desde remotas eras, acrescidas a uma forma de ensino de transição, com o avanço tecnológico que transforma o homem em excluído digital, a falta de instrução e dinheiro o excluem socialmente; a mídia trazendo enxurradas de informações, algumas fantásticas, completas, outras cheias de erro e preconceito. E dentro deste contexto, o Maçom, que esteve sempre na vanguarda buscando aprender e se autoconhecer, tenta a duras penas se adequar aos novos tempos, sem perder de vista as tradições originais da Maçonaria. Quem precisa mudar é o Maçom, não a Maçonaria. A sua base ética e filosófica foi tão bem implantada, que não há necessidade alguma em se reduzir ou alterar o seu conceito primordial.

Esta Coletânea de Trabalhos apresentados em três Encontros Nacionais realizados pela Loja "Fraternidade Brazileira" de Estudos e Pesquisas, na cidade mineira de Juiz de Fora, mostra isso: o desejo de se pesquisar, debater, congregar com Irmãos, de falar com e aos Irmãos.

Em um período de transição como este, embora muitos aceitem ou não, nós os Maçons, mais uma vez estamos na dianteira dos acontecimentos, só que hoje a revolução é feita de forma diferente; ela está muito ligada ao homem, afinal a nossa bandeira já foi criada e é linda, vivemos num período de democracia, com o que ela tem de melhor e pior. Após anos de censura e repressão as novas gerações ficaram no vácuo, não estando ligadas ao que é um pouco mais velho e sem muita noção do que recebeu, apenas aceitando sem questionamentos o que é novo. O Maçom não, ao ser Iniciado ele é apresentado a uma modalidade de ensino simbólico, onde menos é mais.

E provando isso, publicamos aqui alguns dos excelentes Trabalhos desenvolvidos por valorosos Maçons que se reúnem anualmente em prol do conhecimento, estabelecendo e manifestando através de palavras o que percebem como Maçom, fazendo contatos, aprimorando a forma de pensar e falar. Gostaríamos de ter publicado todos os Trabalhos apresentados nestes Encontros, regados a amizade e conhecimento, mas infelizmente não foi possível.

A nossa gratidão sincera a todos os Irmãos que vêm participando de Encontros como este, fortalecendo e estimulando a vontade de saber e mantendo o renome da Maçonaria como uma instituição formada por homens de ação e opinião.

Os Editores
Londrina, outubro de 2006.

A Influência das Religiões na Maçonaria

Irm∴ Alberto Gabriel Bianchi
ARLS "Cavalheiros da Amizade Nº 131"
Or∴ São José do Rio Preto – SP

Existem muitos escritores e historiadores que escrevem sobre as origens de nossa Instituição. Todavia, devemos pesquisar muito para entender o que é verdadeiro e o que é suposto.

Em primeiro lugar é preciso analisar as informações à luz da escola que segue o escritor ou o estudioso.

Se pertencente à escola AUTÊNTICA, trará informações à luz de documentos ao alcance do historiador;

Se pertencente à escola ANTROPOLÓGICA, trará informações aplicadas às descobertas da Antropologia. Usará o vasto cabedal de informações sobre costumes religiosos e iniciatórios de povos antigos e modernos;

Se pertencente à escola MÍSTICA, escreverá sobre os mistérios da Ordem, vendo neles um plano para o despertar espiritual do Homem e seu desenvolvimento interno;

Se pertencente à escola OCULTA, trará suas informações através da magia cerimonial para atrair a luz Divina através da Contemplação.

A luta a ser desenvolvida é que a História da Instituição seja colocada na História Geral.

Na verdade, o estudo de nossas origens é bastante árduo e particularmente complexo e muitas são as dúvidas.

A Maçonaria anglo-saxônica, em grande parte protestante, é considerada profundamente religiosa e teísta (Doutrina religiosa baseada na crença da existência de Deus), como o Rito de York, o mais difundido naqueles países. O Rito Moderno permite a Iniciação a pessoas sem crença definida. O Rito Escocês Antigo e Aceito, embora exija a crença em Deus do Candidato, é denominado de deísta (sistema dos que, rejeitando toda espécie de revelação divina, e portando a autoridade de qualquer igreja, aceitam, todavia, a existência de um Deus, destituído de atributos morais e intelectuais e que poderá ou não haver influído na criação do Universo. Acreditam na religião natural). Este tipo de fácil classificação reputa como católica praticante a Maçonaria haitiana, por ter, em 1962, dirigido carta à Comissão Central Pré-conciliar suplicando fossem relevadas as penas da Igreja contra os Maçons.

Vamos analisar vários aspectos, seguindo primeiramente a linha do escritor Aldo Lavagnini e no final farei uma conclusão de acordo com meu entendimento.

Estudando as doutrinas anteriores, perceber-se-á que todos os povos antigos conheceram um ensinamento paralelo anterior ou esotérico que era dado somente aos que detinham uma reputação moral e eram espiritualmente dignos e maduros para recebê-los.

O aspecto esotérico da religião, conhecido exotericamente por aqueles que não tiveram acesso a tal conhecimento, incluindo aquilo que é especialmente denominado de Mistérios que é uma palavra derivada de "mysto", termo aplicado aos novos alunos e que significa etimologicamente mudo ou secreto, referindo-se à obrigação do segredo, selada por um juramento, dos quais várias Instituições se consideram como herdeiras e recipiendárias, através das corporações de construtores e outras agrupações místicas que transmitem suas doutrinas.

Toda Doutrina Interior, esotérica e oculta, é essencialmente iniciática, uma vez que é adquirida por meio da iniciação, pois somente através dela é que pode ser entendida, reconhecida e realizada.

A Doutrina Interior, ou seja, iniciática, tem sido e continua sendo sempre a mesma para todos os povos em todos os tempos.

Estudando as Instituições Místicas protegidas pelos poderes constituídos (governos e reis), com leis e privilégios especiais, dada sua reconhecida influência benéfica e moralizante e veneradas pelos povos, existiam no Oriente, especialmente na Índia, Pérsia, Grécia e Egito, inúmeras comunidades místicas que podem ser comparadas aos atuais conventos e ordens monásticas ou, então, relacionadas intimamente com a Moderna Instituição, por apresentar determinados aspectos de suas características específicas.

Referidas comunidades, algumas delas com ou sem caráter religioso, nasceram da necessidade espiritual de agruparem-se para levar, ao amparo das condições contrárias do mundo exterior, uma vida de comum acordo com os ideais e as íntimas aspirações de seus componentes.

Dentre as Instituições Místicas, as mais conhecidas foram a dos Essênios entre os hebreus, dos Terapeutas no Alto Egito, dos Gimnóssofos na Índia. Este termo Gimnóssofos significa literalmente "sábios nus" e parece bem aplicado aos iogues, no seu triplo sentido: moral, material e espiritual; enquanto se despojavam de toda riqueza ou possessão material, reduziam seu traje ao mais simples e ficavam nus espiritualmente com a prática da meditação, a mesma que, nos aspectos mais profundos, é um despojo completo da mente e das faculdades intelectuais, das quais está revestido nosso Ego ou Alma para sua atuação como "ser mental".

Não se pode esquecer, neste relato sobre a origem da Instituição a que pertenço, as grandes escolas filosóficas da antigüidade: a vedanta na Índia, a pitagórica, a platônica e a eclética ou alexandrina no Ocidente e que, indiferentemente, tiveram origem e inspiração nos Mistérios.

Em relação a vedanta na Índia, verificamos e aprendemos que seu propósito foi a interpretação dos livros sagrados ou Vedas (Vedanta significa etimologicamente "finalidade dos Vedas"), antigas e inspiradas escrituras do bramanismo, obra dos Rishis, videntes ou profetas, elaboradas com o propósito claramente esotérico, segundo sua característica primitivamente advaita (antidualista ou unitária), baseadas no reconhecimento de um único Princípio ou Realidade operante nas infinitas manifestações da Divindade, consideradas estas nos diferentes aspectos da Realidade Única.

A escola Platônica tem sua conexão com os ensinamentos de nossa Instituição de várias formas, bastando lembrar a inscrição que havia no átrio da "Academia" (palavra que significa etimologicamente "Oriente"), onde eram feitas as reuniões, ou seja, "Ninguém deve entrar aqui se não conhece a Geometria"; alusão evidente à natureza matemática dos Primeiros Princípios, como também ao Simbolismo geométrico ou construtor, revelando-nos a íntima natureza do Universo, do homem e de sua evolução.

Esta tentativa de unificação das escolas e tradições diferentes, por meio da compreensão da Unidade da Doutrina que nelas encerra, foi renovada séculos depois por Ammonio Saccas.

A escola gnóstica do Cristianismo está diretamente ligada com a tradição ou escola eclética alexandrina, considerada e depois perseguida como herética pela Igreja de Roma.

Esta escola quis conciliar e fundir até o possível cristianismo emergente com as religiões e tradições iniciáticas mais antigas, substituindo o dogma, doutrina ortodoxa, da qual nos pede uma aceitação incondicional como um ato de fé, pela gnose (conhecimento ou compreensão por meio da qual se chega à Doutrina Interior). Segundo a escola gnóstica, o Evangelho, à semelhança com as escrituras e ensinamentos religiosos, deve ser interpretado em seu sentido esotérico, quer dizer, como expressão simbólica e apresentação dramática das verdades espirituais.

Cristo, uma atribuição pessoal a Jesus, significa o conhecimento ou percepção da Verdade que deve nascer em cada um e que faz de si seu verdadeiro cristão. Jesus seria também o nome simbólico deste princípio salvador do homem, que o conduz do "erro à Verdade e da morte à Ressurreição".

A mesma fé era considerada como um mecanismo para chegar à Gnose, mais do que uma aceitação passiva e incondicional de alguma informação dogmática, apresentada como uma Verdade revelada.

Ainda que tenha havido interpolações posteriores, é certo que o Evangelho, as Epístolas e o Apocalipse de São João revelam de maneira clara um fundamento gnóstico (a mesma doutrina ou tradição gnóstica diz-se instituída pelos discípulos ou seguidores de São João), e esta tradição gnóstica ou joanina representa, no Cristianismo, o ponto de contato mais direto com nossa Instituição.

Na Cabala Hebraica e na Alquimia, duas novas encarnações ocidentais, encontram-se as antigas tradições orientais e herméticas que não são estranhas às origens da nossa Moderna Instituição.

Na Cabala encontramos especial importância nas palavras sagradas e os Nomes Divinos, atribuindo-se aos mesmos o poder que se torna operativo por intermédio da sua correta pronunciação, doutrina comum a todas as antigas tradições, também desenvolvida de maneira racional na Filosofia da Índia, onde o som ou o Verbo é considerado como um espectro da Divindade.

Na alquimia e hermetismo também encontramos muita coisa adotada pela nossa Instituição. Do mesmo modo como chegaram, do Oriente asiático para o Egito, as doutrinas cabalistas e a tradição hermética de Hermes Trimegisto ou Thot, o fundador tradicional dos mistérios egípcios, chega também até nós desde tempos remotos.

Dentre outras fontes de estudos nossos Mestres encontraram nos Templários e Rosacruzes, dois dos movimentos mais conhecidos, sendo o primeiro chamado de Ordem do Templo, que teve seu período de esplendor no século XIII e o segundo denominado Fraternidade Rosacruz, com marcante influência no século XVII.

Em relação à influência desses dois movimentos na nossa Instituição, e sendo esta a de maior interesse no momento, é verdade que não só as tradições templárias e rosacruzes encontraram seu caminho em nossa Entidade, senão que ela se fez também sua intérprete e a natural herdeira de suas finalidades, ideais e da Grande Obra aonde concorrem as diferentes tendências, hermetistas, templárias, rosacruzes e filosóficas, sempre confraternizando com nossos alunos e, desta comunhão espiritual nasceu a nossa Instituição tal qual hoje a conhecemos.

Podemos perceber até aqui que nossa Escola sabiamente foi buscar conhecimentos tanto quanto na tradição que a anima e da qual é herdeira e continuadora, mas também nos herdeiros dos antigos Reis Sacerdotes, simbolizados por Melquisedec e Salomão e dos grandes Sábios e Filósofos de todos os Tempos, tais como Hermes, Moisés, Zoroastro, Orfeu, Pitágoras, Platão, Confúcio, Jesus de Nazaré, Buda e tantos outros...

Nossa escola, tomada particularmente da Arte de Construir, tem uma origem gloriosa e que está diretamente relacionada com a origem de toda civilização, tal qual a causa com seu efeito natural, uma vez que os idealizadores da Arte Real foram buscar nas fontes mais puras e sagradas, onde beberam conhecimento os mais sábios dos sábios, a fonte para elaborarem todo o nosso complexo sistema de ensino.

E agora conhecendo um pouco da história sobre nossas origens, conhecendo um pouco da sua alma, que é a Tradição e a Finalidade, comuns às diferentes escolas, movimentos, sociedades e comunidades consagradas durante os tempos e formada pelas mais elevadas aspirações humanas e expressa constantemente em termos de compreensão, tolerância e amor fraternal, podemos verificar que o corpo de nossa Instituição teve suas origens na mais remota história e pré-história humana, tirando sua marca de todas as grandes obras e monumentos que chegaram até nós através do tempo, desde épocas passadas. Nossa escola preserva o passado e a Tradição, porém tem os olhos voltados para o futuro e o progresso. Este é nosso ponto de vista à luz da história.

Desta maneira, nossa Instituição foi buscar todo o conhecimento usado no primeiro Templo erguido em reconhecimento à Divindade, erigido de forma primitiva, rústica ou elementar, ou construído de uma só coluna, bloco de pedra ou tronco de madeira, perpetuada pela tradição através dos obeliscos.

No fervor religioso, característica desse período, fez com que algumas ordens monásticas da Igreja se dedicassem, especialmente na França e Alemanha, à Arte de Construir, levantando templos com a ajuda dos obreiros nômades que encontravam, contribuindo deste modo e indiretamente com a organização dessas corporações, as mesmas que depois se transformaram em independentes.

Depois das considerações acima vou, então, falar o que nos interessa mais de perto, ou seja, sobre nossa Instituição como escola simbólica.

No século XVIII, com o renascimento clássico e a corrupção da Igreja, que ocasionou a reforma e as novas teorias filosóficas, enfraqueceu o calor religioso dos séculos passados e a arte sagrada teve necessariamente que decair, reduzindo também a atividade das corporações dos nossos obreiros operativos, que dela derivavam sua razão de ser e sua subsistência.

Na Inglaterra, algumas dessas corporações subsistiram mesmo de forma muito reduzida, transferindo gradualmente a atividade construtiva que originou sua formação e passando a ocupar-se exclusivamente dos assuntos que anteriormente eram de importância secundária, como por exemplo o estudo e a benemerência.

Diante desses fatos começaram as transformações e que foram feitas por mestres muito inteligentes e capazes. Muitas doutrinas e tradições de origens e descendências diferentes passaram a incorporar-se à nascente, ou melhor, à remanescente instituição. Adotaram, dentre outras, as tradições templárias e rosacruzes que foram as de maior importância nesta transformação. Enquanto as Oficinas da nossa

Instituição operativa encontravam naquelas doutrinas a alma que lhes infundia uma vida nova, as especulativas encontraram naquele corpo o veículo ou meio exterior mais adaptado para expressar-se e que de outra forma teria permanecido estéril e deficiente. Daí o atual sistema de ensinamento estar totalmente baseado nos instrumentos de construtores que é a base de nossa doutrina e filosofia.

Com o século XVIII, chega ao fim o estudo das origens de nossa Instituição; a partir do século XVIII inicia sua história como instituição moderna e prepara-se o porvir, sobre o qual cada aluno deverá estudar, para tirar suas próprias conclusões.

Como todos os povos em todos os tempos, os Construtores também tinham o seu sistema religioso e a sua fé em um ser superior.

Em todos os cultos e tradições primitivas os poderes e atribuições que hoje são separados e distintos, como por exemplo o eclesiástico e civil, o legislativo e o judiciário, estavam nas mãos de uma mesma autoridade. Por isso que o mundo antigo trouxe até nós o exemplo dos Reis Sacerdotes que tinham todos os poderes nas mãos. Eram soberanos para todas as decisões. As instituições civis e religiosas entrelaçavam-se mutuamente, formando um conjunto inseparável. Nas primitivas corporações construtoras, o elemento religioso moral foi considerado como uma unidade junto ao elemento artístico-operativo, desenvolvendo-se e transmitindo-se igualmente às escolas secretas ou de mistérios, os segredos da arte e as específicas tradições religiosas, entendendo-se que a palavra "religião" identifica-se, em seu sentido original, como o da tradição, indicando simplesmente o que é legado ou aquilo que se transmite. Nossa Instituição, nascida espontaneamente nas primeiras corporações construtoras, à medida que seus adeptos esforçavam-se em divinizar a sua Arte, transformando-se em discípulos nos quais foi possível aproveitar a Hierarquia Oculta e transmitir assim seus ensinamentos, encontrando terreno fértil para semear a mística e a semente da Sabedoria, entendia que o trabalho operativo nas construções dos grandes palácios e catedrais era abençoado por um ser superior, um ser que fazia brilhar aos olhos do mundo as grandes obras e que também tornava felizes os obreiros pelo trabalho realizado, provocando harmonia e bem-estar e em função do tipo de ofício que exerciam, passou a denominar esse ser superior e maravilhoso de GRANDE ARQUITETO.

O que não devemos estranhar é que o caráter particular das corporações que se especializaram na construção de Templos fez com que estas se identificassem, nas diferentes épocas da história, com diferentes tradições religiosas e, em alguns casos, com os mistérios e daí muitos ensinamentos esotéricos foram assimilados e transmitidos como patrimônio secreto entre os mestres da Arte.

E desta maneira, ao estudarmos as várias correntes de pensamentos, percebemos que, em qualquer período da história, as corporações construtoras aparecem como detentoras de segredos e alegorias, alguns dos quais vêm de épocas remotíssimas, e outros representam antiqüíssimas tradições revestidas de outros nomes e com símbolos mais recentes introduzidos e que se incorporaram de forma definitiva. Sabemos, ainda, que todas tiveram regras e modalidades particulares, para a dupla transmissão do segredo material da arte e sua interpretação especulativa, que é a que estudamos atualmente, assim como para a admissão dos candidatos como aprendizes, exigindo-se que sejam livres e tenham bons costumes e ainda, dando provas de moralidade, diligência e capacidade para o trabalho.

A religião dos construtores teve de ser uma religião eminentemente moral, ou seja, uma ética individual aplicada à vida, como o demonstra a Tradição de nossa Instituição, a mesma que é diretamente sua continuadora.

O conceito do Grande Arquiteto, Princípio Divino Inteligente que constitui a inspiração, a luz espiritual e a base do mundo e da grande obra da construção particular e universal, tem representado sem dúvida e em todos os tempos o fundamento da Religião dos Construtores.

Em nossa Instituição, que aceita alunos de todas as raças e credos religiosos, sem nenhuma distinção, este conceito constitui o

Princípio Cardinal, especialmente na modernidade, pois carecem de valor os trabalhos que não sejam feitos à glória deste Princípio, ou seja, com a finalidade de que a espiritualidade latente em cada ser e em cada coisa encontre, por seu intermédio, sua expressão e a mais perfeita manifestação.

No início dos estudos os nossos alunos são deixados ao seu livre-arbítrio para poder interpretar o conceito do Grande Arquiteto, segundo suas próprias idéias filosóficas, opiniões e crenças. Depois, conduzir-se-á, gradualmente, através de seu próprio trabalho interno ou do esforço pessoal com o qual adquire todo progresso, para um reconhecimento mais perfeito e para uma realização mais íntima e profunda deste Princípio, ao mesmo tempo imanente e transcendente, que constitui a base e essência íntima de todo o ser existente.

Junto com esta idéia central têm sido agrupadas as diferentes tradições, símbolos e mistérios da vida que constituem outras tantas aplicações práticas e expressões do Princípio Fundamental em direção a uma interpretação da vida e para seu aperfeiçoamento.

Nossa Instituição transmite o conhecimento, sem impor opinião ou crença alguma, mas deixando a cada um a liberdade de poder interpretar a expressão simbólica de acordo com a sua própria formação, educação e convicções e, a fim de que todos sejam conduzidos de forma natural a uma mesma Verdade, esforçando-se em penetrar cada vez mais dentro de si mesmo para alcançar o fundo da própria visão e crença, a mesma que deve ser tolerada, respeitada e interpretada como um dos infinitos caminhos que conduzem à Verdade e à Paz Social.

Analisa-se ainda a questão da origem de nossa Instituição, na pergunta que o Mestre Presidente faz a todo aluno visitante: "De onde vindes?" E o visitante responde: "Da Oficina de São João".

Esta pergunta é fundamental para o aluno que principia em nossos estudos, uma vez que deve esforçar-se em respondê-la satisfatoriamente procurando em si mesmo a solução da questão das origens, a origem do seu ser e do universo que o rodeia.

Sabemos que a Tradição de nossa Instituição tem estreita relação com a Tradição Joanina ou Mística do Cristianismo que está claramente demonstrado na superposição de nossos instrumentos sobre o L. da L., onde consta a Norma de Proceder de S.J., a mesma que representa a Tradição Cristã mais pura, como também as Tradições gnósticas e iniciáticas anteriores.

Sabemos, também, que São João foi o padroeiro das Corporações de Construtores da Idade Média, e conhecemos ainda seus usos e costumes, que vêm de épocas muito remotas, ao festejar os dois solstícios, com datas coincidentes, respectivamente, às comemorações cristãs de S.J.

As mesmas festas eram celebradas por outros povos antes do cristianismo e comemoradas pelos romanos em honra a Jano, deus de duas faces simbolizando a Tradição, estando uma de suas caras constantemente voltada ao passado e a outra ao futuro. Jano relaciona-se etimologicamente com o latim "janua" que equivale a porta, de onde deriva igualmente o latim "januarius", ou seja, Janeiro. Acredita-se que a origem mais provável da palavra "Janus" deve procurar-se no hipotético "Dianus"(masculino de Diana), análogo a "divinus" e no sentido de celestial ou Divindade do Céu.

O Deus Jano presidia todos os começos (no latim "initium", de onde provém também "initiare"), em particular o ingresso do Sol nos dois hemisférios celestes e a iniciação, cuja chave guardava em seu poder. Parece evidente que o nome é Jano e tem em latim "Janus" uma similaridade muito singular com João (Johannes) e não foi ao acaso que este último foi posto no exato lugar do primeiro.

O hebraico "Jeho-hannam" ou João significa "Graça ou favor de Deus", ou seja, homem iluminado. É com justiça que este último pode ser chamado de discípulo de S.J.

A importância iniciática desta eleição torna-se mais evidente nesta dupla ou bicéfala etimologia: a primeira, pagã, voltada ao passado que constitui a porta ou caminho e a outra, cristã, voltada ao futuro, representada pelos escolhidos que continuam e ainda continuarão a tradição através dos séculos.

A expressão Oficina de São João representa o nome simbólico de toda união ou agrupamento de escolhidos, homens iluminados espiritualmente, e que na sua acepção mais geral se aplicam a todos aqueles que foram admitidos nos mistérios, particularmente, aos verdadeiros discípulos de S.J., Mestres da Sabedoria e que devem buscar a inspiração para entenderem a origem profunda e verdadeira de nossa Instituição.

Para se ter uma idéia da influência das religiões na Maçonaria Simbólica, podemos citar ainda:

Na Câmara de Reflexão: tíbias cruzadas, crânio, foice e ampulheta – (símbolos trapistas)

Todas essas palavras são emblemas dos TRAPISTAS, isto é, dos religiosos da Ordem da Trapa. Todas elas se relacionam com Saturno, e, portanto, com o chumbo. Simbolizam a morte do Profano que vai renascer para a vida espiritual, transformando o "chumbo vil" em "ouro puro precioso".

A leitura do livro da Lei nos países cristãos é a Bíblia.

A nossa Instituição no Manual do Primeiro Grau (GLESP), na Primeira Lição diz:

> *A Ordem, no século XVIII, restabeleceu dentro de nossas Escolas a tradição dos ensinamentos esotéricos ministrados nos Santuários Egípcios e continua transmitindo-os aos seus adeptos.*

Do mesmo modo que os antigos filósofos egípcios – para subtrair seus Segredos e Mistérios aos olhos dos que não eram membros – ministravam seu ensino por meio de símbolos e alegorias, a Instituição, mantendo a tradição egípcia, encerra seus ensinamentos da mesma forma pelos quais oculta suas Verdades ao Mundo externo, só as revelando àqueles que ingressam em suas escolas pela Iniciação.

Ainda no Ritual de Aprendiz – a Maçonaria pergunta: "Que há de comum entre nós?" E responde: "Uma Verdade". Que Verdade? A existência do G.·. A.·. D.·. U.·., criador do Universo e de tudo que existiu, existe e existirá. E como vamos investigar essa Verdade? Através dos estudos de forma livre, diz o manual.

Entendo que a Maçonaria aceita a existência do Grande Arquiteto, até porque não consegue provar o contrário.

No Ritual (Companheiro, especialmente na Cerimônia de ELEVAÇÃO) o Segundo Vigilante afirma:

> *Vosso espírito está, hoje, mais esclarecido, mais apto à compreensão de assuntos mais elevados* (deveria ser assim).

O Venerável diz:

> *...É esse o vosso trabalho como Companheiro Maçom: a transição do Plano Físico ao Plano Espiritual.*

Na Terceira Instrução o Primeiro Vigilante orienta, no final:

> *Depois de ter aprendido a raciocinar corretamente, pode, pela educação judiciosa de sua intuição, elevar seus pensamentos às causas dos fenômenos.*

Onde encontrar o Verdadeiro caminho? Na Cabala está um dos caminhos para esta investigação, e também, nos Pitagóricos, em Vitrúvio, etc., e que fatalmente nos levará a inúmeras interpretações e deduções. Isto porque a Cabala é muito vasta e muito complexa.

A Maçonaria que se considera evolutiva mantém suas tradições do passado, o que é justo e correto para facilitar o estudo da evolução do ser humano. O estudo da Cabala é interessante porque a Maçonaria, as escolas Templárias de um modo geral, assim como todas as religiões, têm sua organização baseada naquela ciência (ocultando o que não interessa).

O simbolismo maçônico concorda, "na sua totalidade", com o que a Cabala tem de essencial.

A Cabala dá sua interpretação sobre a formação e existência do Universo, da Terra, da Lua e do Ser Humano passo a passo, com todas suas etapas evolutivas (corpo físico, espírito e alma) de uma forma interessante, complexa e de difícil interpretação e ao mesmo tempo fantástica. O estudante fará sua interpretação e tirará suas conclusões.

Se nós com o título de Mestres levarmos um pouquinho do conhecimento que adquirimos no decorrer de nossos estudos, aliados à disciplina da ritualística e ao cumprimento de nossos regulamentos, que é o que nos nivela e nos iguala, formaríamos bons e grandes Maçons na Sociedade.

A Maçonaria Simbólica, além de ter explicações com base na Cabala para que seus adeptos entendam nossas origens e como buscar a Verdade, também de forma sábia e inteligente aproveita os instrumentos do pedreiro e construtor para "filosoficamente" aplicar no polimento e formação do homem. Tirou, novamente, da Cabala a inspiração para montar sua estrutura de ensinamentos através do simbolismo dos instrumentos dos pedreiros que construíram as belíssimas Catedrais, Monumentos e Palácios da Europa.

A Cabala explica a formação do homem, iniciando pela matéria (corpo físico) e depois a evolução da matéria, que desbastada e polida adquire vida e beleza.

A Maçonaria, aplicando o mesmo princípio, recebendo primeiro a matéria que é a pedra bruta e depois de desbastá-la através de muito estudo e trabalho forma a pedra polida que simbolicamente está pronta para compor o "Edifício Social". Depois da Força e muito trabalho para polir a Pedra Bruta e desvencilhar-se dos defeitos e paixões, para poder concorrer à Construção Moral da Humanidade, vem a Beleza que é o Edifício Social e, em seguida, através da Sabedoria dá-se Vida a todo esse trabalho e Evolução, e aí está pronto o Homem Maçom para tornar feliz a Humanidade com toda a Luz do Universo, estando definitivamente ligado com o G∴ A∴ D∴ U∴, ligando a Terra ao Céu.

∴

Opinião sobre as Origens

Como conclusão vou apresentar opiniões, com as quais também comungo.

Segundo o Trabalho intitulado "Raízes que se perdem no tempo", de autoria do Irm∴ Paulo Cesar Saquy, da escola "Antonio Duarte Nogueira" nº 414, que começa escrevendo:

> *A Ordem atual, dita Especulativa, tem raízes longínquas antes do Cristo e seus membros se transformaram de construtores de monumentos em construtores sociais, nunca perdendo suas características místicas.*

Depois continua dizendo:

> *A moderna Ordem tem, como data básica de sua existência, o ano de 1717, quando, a 24 de junho, foi fundada a primeira Obediência do mundo, a Grande Loja de Londres.*

Essa forma moderna da Instituição, a dos alunos Aceitos, não ligados à arte de construir, foi, todavia, precedida por organizações profissionais de construtores – hoje englobada sob o rótulo de Ordem de Ofício, ou Ordem Operativa – que durante um longo período existiram, principalmente na Europa.

Segundo a opinião de Raimundo Rodrigues, através de suas fontes de pesquisa, todo estudioso da filosofia sabe, de há muito tempo, que Vico é o pai da "Filosofia da História", estereotipando-a com princípios de uma ciência nova.

Sabemos mais que a "Filosofia da História" é, ainda agora, dominada por conceitos metafísicos, que dificultam a compreensão dos leigos no assunto. Falamos em conceitos metafísicos e não em "Conceitos Invencionistas". O verdadeiro historiador não inventa nada!

Aliás, a "Filosofia da História" surge já no século XVIII, quando se chegou à conclusão de que, do conjunto dos fatos históricos, se poderia tirar uma lei geral do desenvolvimento da humanidade. Daí por que, pensamos nós, os historiadores de nossa Ordem podem mesclar seus Trabalhos com considerações gerais acerca da marcha evolutiva dos acontecimentos de nossa Instituição.

Isto, porém, não significa que alguém tenha o direito de sair por aí "fabricando" uma história que lhe saia da imaginação, buscando dar-lhe contornos de "História" verdadeira.

De nossa parte, fazemos questão de gritar aos quatro ventos que não somos e nem temos pretensões de chegar a ser historiador. Somos, isto sim, aquele pesquisador que se interessa pela verdade histórica.

Se a História não aceita invencionices, a filosofia não admite mentiras.

O certo é que se dizemos que a nossa Instituição nasceu com os Essênios, ou com os Templários, ou com os Collegia Fabrorum, estaremos afirmando algo que não podemos provar; logo, podemos estar difundindo alguma coisa que seja pura invencionice.

Se a História e a Filosofia da História não admitem inverdades, o que dizer, então, da nossa Sublime Instituição?

O que desejamos deixar bem claro é que só podemos falar em Ordem "Antiga", quando pudermos escudar-nos em documentos fidedignos.

O mais antigo documento que se conhece da Chamada Ordem Antiga ou Operativa, ou de Ofício, é o Poema Régio, que é de 1390, portanto, século XIV. Tudo o que se disser anterior a essa data não passa de pressuposição.

É mister que nos acautelemos com as invencionices de quem não teve ou não tem coragem de investigar, de buscar a verdade através de documentos que mereçam fé. Há muita gente que vai atrás do "ouvi dizer".

A verdade é que ainda há escritores que propagam que a "origem da nossa Instituição" se perde nas "névoas da antigüidade".

Jean Palou reconhece que as origens da nossa Ordem estão muito longe de serem claras e não poderia ser de outra forma, e acrescenta: "Anderson faz remontar nossa Instituição a Adão, sem dúvida por não poder ir mais longe e por lhe faltar a ousadia de atribuí-la ao próprio Jeová".

É evidente que a falta de documentos e registros dignos de crédito envolve a Escola numa penumbra histórica, o que faz com que os fantasistas, talvez pensando em engrandecê-la, inventem as histórias, sem pé nem cabaça, sobre os primórdios de sua existência.

Existem os que ensinam que ela teve início na Mesopotâmia, outros confundem os movimentos religiosos do Egito e dos Caldeus como sendo trabalhos de nossa Ordem. Há escritores que afirmam ser o Templo de Salomão o berço de nossa Instituição.

O que existe de verdade é que a Escola adota princípios e conteúdos filosóficos milenares, que foram adotados por instituições como as Guildas na Inglaterra, Compagnonnage na França, Steinmetzen na Alemanha.

O que a nossa Instituição fez foi adotar todos aqueles sadios princípios que eram abraçados por instituições que existiram muito antes da formação de núcleos de trabalho que passaram à história com o nome Ordem Operativa ou de Ofício.

Darley Worm, em excelente trabalho, assinala com muita propriedade que:

> *Para obtermos a idade de nossa Ordem, temos de distinguir a Instituição dos seus conteúdos, estes sim, milenares, conforme alguns autores; eternos, segundo outros... Os conteúdos que a Escola assumiu já eram milenares quando Salomão nasceu na casa de Davi e é puro delírio febril alguns historiadores falarem em Instituição Arcaica, Antiga ou Arqueológica. Os conteúdos com que lidamos hoje, já eram veneráveis para as Escolas de Mistérios (Elêusis, etc.), para os teosofistas, para os rosacruzes, para os gnósticos, para os alquimistas, para os Collegia Fabrorum; ainda que tenham um grande número de pontos em comum mas... nem Pitágoras, nem Jesus, nem Platão, etc., eram alunos de nossa Escola, pela simples razão de que a nossa Escola como Instituição nem havia sido criada.*

De algum tempo para cá, após a criação da Escola de Pesquisas Maçônicas "Brasil", na cidade de Londrina, no Paraná, têm surgido historiadores e pesquisadores que se têm dedicado, de corpo e alma, como lá se diz, à busca de documentos primários ou secundários que possam trazer luzes aos mistérios que envolvem a nossa Instituição primitiva.

Frederico Guilherme Costa, historiador de nossa Instituição, no seu livro, diz que:

> *O conjunto de organizações de Ofício, principalmente medievais, é conhecido com o nome de Ordem Operativa ou de Ofício. Sempre existiram no passado remoto, associações de operários ligados à arte de construir, mas não eram organizadas na forma das futuras corporações com sentido corporativista.*

Em relação às hipóteses e deduções daqueles que escrevem sem uma fundamentação científica, o que posso dizer é que toda versão fantasiosa tem que ser atraente e revestida de pontos convincentes, para atrair adeptos. É o que acontece na imaginação daqueles que querem criar uma realidade inexistente e impossível de ser aceita, ainda que para valorizar ou enriquecer nossa Instituição. São histórias recheadas de coisas maravilhosas, frutos da imaginação, porém infundadas, criando seguidores que dão continuidade a um processo sem fim, exatamente por serem fantasiosas e atraentes.

Tire sua própria conclusão estudando e investigando aquilo que deve ser real e tudo o que é fantasia.

Fontes de Pesquisa:

ASLAN, Nicola. *Grande Dicionário Enciclopédico de Maçonaria e Simbologia.* Londrina: "A TROLHA".

LAVAGNINI, Aldo. *Manual do Aprendiz.*

Chão de Fábrica!

Irm∴ Adalberto Rigueira Viana
Loja Simbólica "Acácia Viçosense Nº 1808"
Or∴ Viçosa – MG

Para iniciar este singelo ensaio, necessário se faz definir estas duas palavras aqui encimadas, e tão significativas, que lhe dão título.

Segundo **BUARQUE DE HOLANDA** (s.d.). **"chão"** tem variados e interessantes significados como: "terra chã, lugar onde se nasceu ou reside, querência, pequena propriedade de terra, lugar onde se pisa, lugar onde se planta ou se edifica alguma obra". O chão dá origem à vida e dele podemos tirar o nosso sustento. Por mais árido que seja o solo, ainda assim, ele poderá de alguma forma produzir algum alimento para saciar a fome daqueles que dele cuidam e o procuram. Basta lembrarmos que de um deserto, por mais quente e árido que possa ser, poderemos dele extrair a doçura das tâmaras, tão requisitadas pelos nossos irmãos árabes.

Ainda em conformidade com o mesmo autor, **"fábrica"** tem os seguintes significados: lugar ou estabelecimento onde se manufaturam utensílios, gêneros, roupas, máquinas e várias outras mercadorias; fabrico, execução, lavor, confecção, invenção, engendramento, maquinação.

Quando éramos criança, como era gostoso pisar o chão de terra batida, do terreiro da casa de nosso pai, que com enorme sacrifício alugara. Aquele era o nosso pequeno chão... Quem não se lembra do chão do pomar da casa vizinha ou da casa dos avós nos primeiros anos de suas vidas?

Alguém já parou alguma vez para saber o que representa o chão de uma rua do centro de uma grande cidade ou da sua periferia mais miserável, o chão de um açougue ou de uma sala de cirurgia de um hospital?

Como poderemos interpretar o chão de uma olaria, de uma indústria artesanal de aguardente, de uma fábrica de tecidos ou de móveis dentre muitas outras?

Na olaria encontraremos certamente o barro e a lama às vezes malcheirosos que, após manipulados por mãos humanas ou por meio de máquinas preparados, produzem os tijolos e as telhas que servem para erigir as paredes que constituirão o nosso teto, o abrigo de todos nós e dos nossos. As telhas servirão para cobrir as nossas casas, protegendo o chão daqueles que nelas habitam das chuvas, das tempestades e também do sol, necessário à vida, mas algumas vezes inclemente.

Na fábrica de aguardente encontraremos a cana-de-açúcar que necessariamente deverá sofrer as modificações químicas que a transformarão em uma aguardente de boa ou má qualidade. Ali, durante o processo de transformação, a cana-de-açúcar exalará um odor nada agradável até chegar ao seu ponto ideal, o ponto do prazer ou o ponto do vício e da degradação moral.

Também, na indústria de tecidos, o cheiro das tintas que embelezam os panos dali saídos, não é dos melhores. Entretanto, as peças ali produzidas, quantos corpos poderão proteger do frio, da fome, das mais terríveis doenças e das mais pobres vaidades?

A fábrica de móveis com a sua poeira característica, restos de madeira, cheiro de verniz e outros inconvenientes, ao final produzirão as mais elegantes e sofisticadas obras de arte, nos mais variados estilos e inerentes a cada época. Dentre essas belezas, as nossas camas que tantas utilidades podem oferecer. Nelas nos deitamos para o descanso reparador após um dia de trabalho, ali nos aconchegamos para o amor, para a reprodução e, mesmo relutando, somos muitas vezes obrigados a nelas deitar para recuperar a nossa saúde temporária ou definitivamente debilitada.

O chão de cada uma dessas fábricas como o da olaria, da fábrica de aguardente, de tecidos ou de móveis tem as suas características próprias. Raramente se conseguirá fazê-los limpos como eram nos seus primórdios. Forçosa e seguramente neles permanecerão as manchas, as nódoas e o cheiro comum a cada uma delas. Marcas que jamais serão definitiva ou totalmente apagadas ou extinguidas.

No sentido de raiz, o ser humano quase sempre se sente orgulhoso do seu "chão". Para o gaúcho, os pampas; para o mato-grossense, o pantanal; para os mineiros, as montanhas; para o amazonense, as suas enormes e ricas florestas; para os goianos, os cerrados; para os beduínos, as areias escaldantes dos desertos e assim por diante...

Mas, por que e para que estamos dizendo tudo isto? Onde queremos ou pretendemos chegar? A segunda pergunta neste momento, onde estamos? A resposta forçosamente será: numa Loja Maçônica. Sim, numa Loja Maçônica... E o seu chão o que tem a ver com tudo isto? Resposta: tudo...

Ao olharmos para baixo, fixando o chão, veremos um detalhe bastante interessante e significativo para todos nós Maçons: quadrados pretos e quadrados brancos intercalados, constituindo uma bonita e grande passarela. Qual o seu significado e que simbolismo emana esta dualidade?

Para nós, maçonicamente, significa a não distinção entre raças e etnias, de religiões e de credos, mostrando-nos simbolicamente, que sempre poderá e deverá haver a igualdade, por menor que possa ser, em todos os seus sentidos. Cada um respeitando as diferenças inerentes a cada ser humano, em particular.

Alguns tipos de pisos podem cobrir este chão, como a tábua corrida, algum material sintético, o mármore ou o granito. Porém, mesmo assim, o chão continuará sendo sempre o mesmo. Aqui uma outra pergunta que somente nós "pedreiros-livres" poderemos responder. Será que somos dignos de poder ou de continuar pisando neste chão tão sagrado da Ordem Maçônica? Façamos uma pequena reflexão e busquemos as nossas conclusões...

Saindo um pouco dele, o chão, olhemos para o alto onde encontraremos uma grande e resistente corda, repleta de nós que nos parecem feitos milimetricamente. Qual o verdadeiro significado e o simbolismo que também encerram?

A corda representa a universalidade, os corações humanos no seu sentido e significado mais puro, e os nós, os laços de fraternidade, de amizade que devem ser sempre reforçados entre todos os irmãos, quer sejam eles Maçons ou não.

Os dois símbolos poderão, com certeza, ter muitos outros significados, daí advindo o valor do simbolismo; nada é e nunca será único sob o ponto de vista e percepção de cada homem. Porém, voltemos ou retornemos ao nosso tema: o chão das fábricas e, mais especificamente, ao chão de uma Loja Maçônica.

Homens que aqui chegaram, nele pisaram como nós o fazemos e tantos outros que aqui continuarão chegando mais cedo ou mais tarde, todos tinham e terão a forma de uma pedra bruta que, com trabalho, dedicação, amor e zelo transformaram-se e aos poucos vão se transformando em pedras polidas, para tornarem-se um dia, embora mais velhas, belíssimas obras de arte.

Algumas pedras são mais duras e resistentes e levam mais tempo para serem buriladas, outras menos duras, mais rapidamente tomam forma de verdadeiras realizações artísticas.

O chão de um Templo Maçônico, embora pisado por pés de diferentes tamanhos, por solados também diferentes e nem sempre limpos, jamais ficará maculado, porque os homens que nele transitam são considerados, simbolicamente, seres livres e de bons costumes e reverenciados por todos, como limpos e puros.

Como em todo agrupamento humano, alguns são demasiadamente limpos e puros, outros precisando de mais tempo e prática para retirarem as asperezas e manchas tão comuns nos seres criados à imagem e semelhança de Deus. E a pureza, sem sombra de dúvidas, somente o tempo, a constante e desinteressada dedicação, a força de vontade, o sacrifício e a renúncia torná-la-ão presente em todos os corações que aqui habitam.

Os produtos desta fábrica que se chama Maçonaria são ou deveriam ser, simplesmente, homens destituídos de arrogância e prepotência, homens solidários e humildes contra tantas vaidades que o mundo se encarrega de alimentar a cada dia, a cada momento.

Aqui nesta fábrica não existe nenhuma concorrência na venda dos seus produtos, pelo contrário, aqui não se faz alarde e, tampouco, qualquer tipo de propaganda para divulgá-los. Aqui as coisas acontecem e têm realmente valor inestimável se forem feitas ou conquistadas anonimamente, e um grande e valioso produto que constantemente ou a cada minuto daqui sai, chama-se exemplo. Ele é a todo momento reciclado, sempre tomando formas e conteúdos bastante diferentes, servindo indistintamente a todos aqueles que o procuram, podem e querem segui-lo. E eu, particularmente, deste solo fértil recebi os mais contundentes exemplos de vida do responsável pela minha existência, meu pai e depois Irmão que, para mim, foi um grande, sábio e humilde Maçom. Ele ensinou-me assim a respeitar a Deus e aos homens.

Aqui neste chão o vaidoso e o interessado jamais encontrarão abrigo, poís aqui se pratica os ideais adotados pela Maçonaria e que estarão sempre presentes em nossos corações: o da Liberdade, o da Igualdade e o da Fraternidade.

As sementes nele plantadas são escolhidas, selecionadas e tratadas com o maior carinho para, como não poderia deixar de ser, produzirem frutos viçosos, de qualidade incontestável e de gosto inconfundível.

Tornando-se um Maçom convicto, o homem que pisa neste sagrado chão não o faz visando tão-somente o seu desenvolvimento momentâneo ou o aperfeiçoamento moral e intelectual e, sim, o mais importante dos bens, o seu aperfeiçoamento espiritual.

Todos os que aqui estão têm plena consciência de que, do chão, ou mais especificamente do pó, todos viemos e que, para o chão, para o pó da terra, fatalmente retornaremos. Esta é a maior verdade, a máxima com a qual todo ser humano deveria se preocupar, em todos os momentos de sua vida terrena.

Aqui nesta fábrica de sentimentos tão nobres ele aprende a exercer sempre o fazer o bem não olhando a quem, não visando jamais qualquer recompensa material. Esta fábrica, à qual, com grande orgulho e incomensurável alegria estamos nos referindo, a nossa Loja Maçônica, a Loja de cada um em particular, há anos vem produzindo obras maravilhosas, e os que nelas permanecem têm o dever de agradecer, de valorizar, de cultuar e de reverenciar aqueles que nelas primeiro chegaram e que, com todo sacrifício prepararam e adubaram este tão fértil chão onde estamos florescendo e, a cada dia, revigorando as nossas forças.

Daquele venturoso dia em que foram fundadas, quantos anos já se passaram? Quantas coisas boas e bonitas nelas aconteceram e quantas ainda acontecerão? Quantas emoções, quantos sorrisos e quantas lágrimas ficaram em cada uma registrados? Cabe a cada um de nós fazer a nossa parte para que as coisas aconteçam como a Maçonaria espera daqueles que um dia foram por ela tão carinhosa e calorosamente recebidos.

Que o Grande Arquiteto do Universo, que para nós é Deus, continue a nos prodigalizar os teus benefícios e a aumentar a nossa força, enriquecendo esta nossa Loja com Obreiros úteis e dedicados. Que Ele possa realmente nos conceder o auxílio de Tuas luzes e dirigir os nossos trabalhos somente no caminho da perfeição. Que Ele possa fazer com que a Paz, a Harmonia e a Concórdia sejam a tríplice argamassa com que se ligam as nossas obras e que essas três virtudes continuem reinando eternamente entre nós.

A todas as mulheres, esposas, mães e filhas de Maçons, a todo jovem ou não, também filho de Maçom, nosso eterno agradecimento e respeito maçônico, pelo constante apoio, pela renúncia de alguns momentos junto deles, quando estão cumprindo as suas missões fora dos seus lares ou das suas cidades, do seu chão.

Àquelas poucas e abnegadas Cunhadas que vêm mantendo com amor, dedicação e desprendimento as Associações Femininas, os nossos mais efusivos e sinceros cumprimentos e agradecimentos.

Aos estimados Sobrinhos o nosso carinho e a nossa palavra de incentivo para que possam realmente ser, um dia, cidadãos dignos, honrados e, acima de tudo, exemplares chefes de família.

E, para encerrar esta singela homenagem a todas as Lojas Simbólicas espalhadas pelo nosso querido Brasil, gostaria de plagiar o grande e saudoso Irmão Orestes Barbosa na sua obra-prima por todos conhecida: "Chão de Estrelas", quando nela ele diz: "Pisavas nos astros distraída"... Já pensaram na beleza desta frase? Naquele momento para ele, os astros, poeticamente, representavam e simbolizavam o chão.

É isso que hoje aqui estamos, mas, jamais distraidamente fazendo, pisando com carinho e com muito amor neste tão representativo e querido chão para nós Maçons.

Neste momento de enlevo, de devaneio, de saudade, prestamos a nossa justa homenagem com a maior demonstração de respeito àqueles Irmãos que um dia nos deixaram e àqueles que aqui, conosco, pisando nele, o chão desta fábrica, continuam procurando lapidar e burilar as suas imperfeições, sabendo, no entanto, que jamais conseguirão fazê-lo na sua plenitude.

Para encerrar gostaríamos de deixar uma pequena mensagem para ser refletida por todos os que nos honram com as suas presenças e prestimosa atenção:

> *... Rico é aquele que sabe chorar... Pobre é aquele que não sabe sorrir...*

A Unidade de todas as Religiões do Mundo é a Filosofia Central das Sociedades Secretas

Irm∴ Luiz Gonzaga da Rocha
Or∴ Planaltina – DF

A imagem passada a limpo

A Franco-Maçonaria é uma sociedade **fraternal e laica** que exige a crença em um ser supremo como principal requisito a quem pretende nela ingressar. Trata-se de uma Sociedade voltada para a prática da tolerância, do respeito e da compreensão à crença e à individualidade de cada um, ao fomento de elevados graus de moralidade entre seus membros e a prática desinteressada de obras de caridade abriu-lhe os espaços para a comunhão universal: a unidade de todas as religiões na diversidade de culto, rito e doutrinas.

E de onde vieram estes princípios que emprestam à Maçonaria estes atributos?

Como posso ousar afirmar que a Unidade de todas as religiões do mundo é a filosofia central da Maçonaria?

Como explicar o fato da adoção do ***Livro da Lei*** e sua utilização na leitura dos Trabalhos Maçônicos dos Graus 1 ao 33? E como justificar a concepção de DEUS como Grande Arquiteto do Universo na forma empregada pela Maçonaria?

É para tentar justificar a argumentação de que a unidade de todas as religiões do mundo deriva da mesma fonte antiga, a filosofia central das sociedades secretas, e, em especial da Maçonaria, que me propus vir até aqui para apresentar estas considerações.

Vejamos agora alguns fatos e exemplos:

- © **1970** – O Papa João Paulo II passou a pregar o **ECUMENISMO RELIGIOSO** e criou o Conselho Mundial das Igrejas.

Comentário: essa ação de Karol Wojtyla foi classificada por alguns líderes religiosos, como os papas da Igreja Ortodoxa russa, de autêntico "Abraço de Urso", assegurando que o Papa João Paulo II *"não busca reunificar o cristianismo simplesmente, mas absolver dentro do catolicismo todas as crenças possíveis do mundo, não somente as cristãs"*.

- © **1981** – explode o caso da Loja Maçônica "P2" ["Propaganda Due" – 1966], que revelou ao mundo a existência de ***Licio Gelli*** [poderoso empresário do setor têxtil da Toscana e Grão-Mestres da Loja]; ***Michele Sindoma*** [banqueiro]; ***Giordano Gamberini*** [Grão-Mestre do Grande Oriente da Itália]; ***Umberto Ortoloni*** [advogado e pessoa muito próxima ao Papa Paulo VI]; ***Paul Marzinkus*** [Cardeal e diretor do IOR – Instituto para as Obras de Religião, ou Banco do Vaticano]; ***Roberto Calvi*** [Conselheiro financeiro do Cardeal Marzinkus].

O Papa João Paulo I [Albino Lucianni sucede Paulo VI] decide mandar investigar tudo e morre aos 30 dias do início do seu papado.

Karol Wojtyla assume o papado com o título de João Paulo II e manda investigar os fatos envolvendo o Vaticano e a Loja "P2".

© **1981** – Ocorreu o atentando à vida do Papa praticado pelo turco Mehmet Ali Agca [matador profissional, mais tarde perdoado pelo Papa].

Comentário da época proferido pelo Sacerdote Jesús López Saez em seu livro "Se Pedirá Cuenta":

> *A diferença é que João Paulo I **quis expulsar** os vendilhões do templo, enquanto João Paulo II **expulsou alguns** [membros da Maçonaria] para atirar-se nos braços de outros [membros Opus Dei].*

© **1982** – O Papa João Paulo II, dentro da estratégia ecumênica de aproximação religiosa, qualificou os cristãos de "*semitas espirituais*" e "*descendentes de Abraão*", forçando uma aproximação mais ampla com os cristãos de diversas vertentes religiosas.

Comentário: Qualquer um que tenha alguns mínimos conhecimentos de teologia sabe que o fato de tanto o judaísmo como o cristianismo terem surgido de um mesmo cenário geográfico, embora em tempos diferentes, e ainda que o mesmo Jesus tenha nascido dentro da fé judaica, tal circunstância não equivale à continuidade de uma religião para outra. O simples fato de ler e comparar os textos agrupados nas duas partes da Bíblia, o Antigo Testamento e o Novo Testamento, nos leva a deduzir de imediato que o Deus de Jesus Cristo não tem muito a ver com o Deus dos profetas judeus, e que na verdade se trata de duas crenças parecidas, mas na essência diferentes.

© **1986** – João Paulo II, durante as Comemorações em homenagem a São Francisco de Assis, propôs uma **ORAÇÃO MULTIRRELIGIOSA** pela paz mundial e convidou para a cerimônia um lama tibetano, um swami hindu, um curandeiro indígena norte-americano, um rabino judeu e um sumo sacerdote maori, além de representantes de outras denominações religiosas.

Comentário: Esta ação está em franca contradição com a doutrina formal da Igreja Católica, segundo a qual a doutrina ensinada por Jesus Cristo é a única verdade revelada.

© **2005 [2/4]** – O Papa João Paulo II faleceu e o colégio Cardinalício elegeu como novo Papa o Cardeal Joseph Ratzinger, que assumiu com o nome de Bento XVI, prometendo ***"seguir a linha da igreja adotada pelo antecessor"***.

Comentário: Carol Wojtyla – o Papa Viajante – desde 1981 não voltou a se preocupar com as questões financeiras da Igreja, concentrou seus esforços em atividades religiosa e política, e estabeleceu uma agenda que o levaria a percorrer o mundo várias vezes. [Antes da sua morte, resistiu a todas as tentativas de renúncia e demissão, reformou o Colégio Cardinalício e escolheu e nomeou pessoalmente a maioria dos cardeais ali representados.]

A Maçonaria e Outras Sociedades Secretas

Levantando uma ponta do Véu, podemos afirmar que a Maçonaria, desde suas lendárias e difusas origens, a exemplo de outras sociedades secretas pré e pós-existentes, sempre perseguiu o melhoramento da qualidade de vida da humanidade, e as sociedades secretas primitivas que instruíam e governavam famílias e raças às sociedades secretas atuais que administram os governos e nações, todas estiveram ligadas por laços religiosos que se comunicavam entre si: *a crença indistinta em um ser superior a quem rendiam homenagens.*

As Oficinas e Lojas sempre foram chamadas, além do mais, de "Templos", não porque ali se venerasse alguma DEIDADE em particular, mas por ali se ocupar de dar "têmpera" à sua personalidade, onde procura desenvolver seus valores espirituais e amplificar suas potencialidades mentais, de processar seus atos pessoais de modo que estes sejam produtos de uma análise coerente e lógica, úteis tanto para si como para a comunidade em que vivem.

Passando ao largo da concepção das concepções deístas e teístas da Ordem Maçônica para fixar-nos no ***Livro da Constituição da Antiga e Honorável Fraternidade de Maçons Livres e Aceitos*** [Constituições de Anderson – 1723], vamos encontrar como primeira obrigação: ***"Deixar a todos os homens a liberdade de consciência"***, possibilitando aos Maçons europeus abrirem as Lojas a todos os livres-pensadores que quisessem a ela se incorporar. [E os ingleses utilizaram esses princípios para fortalecer o nascente movimento favorável à tolerância religiosa.]

No ano de **1815**, quando a Grande Loja da Inglaterra se fundiu com a Grande Loja de York, tomando o nome de Grande Loja Unida da Inglaterra, acrescentou-se outros aspectos às antigas obrigações e dentre elas destaco:

1. A questão da regularidade de origem;
2. A crença no Grande Arquiteto do Universo e em sua vontade como condição essencial para admissão de novos membros;
3. A obrigação de que todos os novos Iniciados devam prestar seu juramento sobre o LIVRO DA LEI ABERTO;
4. Que as Três Grandes Luzes da Franco-Maçonaria [O Livro da Lei, o Esquadro e o Compasso] estejam sempre expostas quando os trabalhos se encontrarem abertos;
5. Que as discussões de ordem religiosa e política sejam estritamente proibidas em Lojas.

Fica entendido, então, que as incorporações verificadas não eram "essencialmente" novidades, à exceção, talvez, de alguns poucos detalhes pontuais, mas que ao cuidar dos aspectos DEÍSTAS e TEÍSTAS reproduziram princípios aceitos universalmente pelas sociedades secretas que lhe antecederam, ou seja, ***a crença em Deus***, que o nosso Irmão Derly em artigo recente denominou como sendo um dos quatro pontos cardeais da Maçonaria, para a glória de Deus.

Não vou discorrer aqui sobre o Esquadro, o Compasso e Livro da Lei que só se mostram unidos em Loja aberta, e que reputo como um dos Símbolos mais sagrados da Maçonaria, para me fixar, por fim, em outro símbolo igualmente muito significativo: **O Olho que Tudo Vê** ou o nome da Divindade que reconhecemos como Grande Arquiteto do Universo, mas antes vamos lembrar que a Maçonaria se não nasceu nos canteiros das Igrejas e Catedrais Medievais, serviu para atender às necessidades religiosas da Igreja e os Maçons deixaram sua marca registrada nas fabulosas Catedrais do Velho Mundo, com destaque para algumas delas que os homens atuais muito admiram.

E a propósito das primeiras e antigas obrigações, o saudoso Irmão Francisco de Assis Carvalho [XICO TROLHA] em outubro de 1996, por ocasião do III Encontro de Membros Correspondentes, ao se apresentar perante os membros desta Loja de Pesquisas Maçônicas "Fraternidade Brazileira", asseverou:

> *Um Maçom, por ocasião de seu Ingresso na Ordem, fica obrigado a obedecer a Lei Moral; mas se ele entender corretamente a ARTE, ele nunca será um ATEU ESTÚPIDO, e nem tampouco um LIBERTINO IRRELIGIOSO. Isto porque os Maçons, desde Tempos Imemoriais, eram obrigados – em todos os países – a seguir a Religião do seu país de origem, qualquer que fosse essa Religião; mas, atualmente, o Maçom só é obrigado a ter aquela Religião com que todos ou a maioria concorda [guardando para si, as suas opiniões próprias] – e isto quer dizer que o Maçom deve ser um homem BOM e VERDADEIRO; um Homem Honesto. Mas qualquer que seja a denominação [da religião ou crença], pela qual ele possa se distinguir, onde quer que esteja que a Maçonaria possa ser o CENTRO DE UNIÃO e o meio pelo qual se possa conseguir a VERDADEIRA AMIZADE – entre todas as pessoas – isto é, que as opiniões individuais, Religiosas e Políticas, nunca devam ser Ventiladas.*

Em outras palavras, estava a dizer que desde a primeira constituição já se delineava a "ABSOLUTA LIBERDADE DE CONSCIÊNCIA,

DE RELIGIÃO E DE PENSAMENTO, e isso, queiramos ou não, é DEÍSMO"; ou pelo menos, os germes de um incipiente DEÍSMO na Maçonaria, abrindo uma brecha, no muro da intolerância cristã, para que os Maçons de todas as crenças e de todas as correntes filosóficas [judeus, maometanos, budistas, etc.] tivessem a possibilidade de se UNIR pelos laços da VERDADEIRA AMIZADE, que são os verdadeiros e básicos princípios da Maçonaria, excluindo daí, é claro, os **ATEUS ESTÚPIDOS** e os **LIBERTINOS IRRELIGIOSOS**. [Assis Carvalho, in "A Descristianização da Maçonaria", Londrina, 1997.]

Voltando ao nosso ponto focal, a Franco-Maçonaria considera a divindade [**DEUS**] como sendo o centro e a fonte de todas as coisas. A idéia de Deus como Grande Arquiteto do Universo precede à Franco-Maçonaria especulativa e remonta aos primórdios da Humanidade, quando o homem primitivo rendia toscas mas sinceras homenagens aos fenômenos mais corriqueiros da natureza a sua volta, evoluindo até os dias atuais, sofrendo neste caminhar evolutivo diversas concepções à luz da compreensão individual do homem do presente e do futuro, sem desligar da religião que nas sociedades secretas unia os homens de uma mesma cultura pela necessidade de fortalecimento das tradições, para manter os costumes, idiomas ou princípios esposados, e por outros caminhos elegeram e chegaram à religiosidade a partir da busca do conhecimento, da necessidade de compreender o mundo e os seus semelhantes em suas vicissitudes e proezas intelectuais.

Conclusão

A unidade de todas as religiões do mundo e o reconhecimento de todas elas derivaram da mesma fonte antiga como sendo a filosofia central das sociedades secretas de todas as épocas, não é um mito ou uma imposição nossa, mas indiferente à sua aceitação ou não, é a solução para os conflitos humanos atuais: *a intolerância religiosa*.

Foi pelo fato de sermos detentores desta verdade, que fomos

duramente perseguidos pelo olhar férreo do dogma das igrejas e das religiões, principalmente pela Igreja Católica que passou a entender, desde muito, que a *"Maçonaria era a fonte inspiradora da idéia de que todas as religiões do planeta mais dia menos dia se fundiriam numa só"*.

E se o racionalismo do século XX e o Iluminismo francês revelaram a razão de ser do homem, a filosofia maçônica sempre esteve a demonstrar que a IDÉIA DE DEUS é o ponto central da humanidade na evolução da SUA MAGNA OBRA, e da qual cada um de nós é parte ideal, e a Maçonaria sendo uma das instituições que se propõe ajudar para que o quanto antes, a IDÉIA DE DEUS, utilizando o Compasso, o Esquadro e o Prumo em um cosmo permanentemente em construção, possa acelerar a fiel observância, por todos os homens, dos nossos princípios de LIBERDADE, IGUALDADE E FRATERNIDADE.

> ***"Ser Maçom não significa debandar do projeto divino", muito pelo contrário.***
>
> *As verdades gerais que governam o mundo, ou, por outros termos, os pensamentos de Deus, são imutáveis e intocáveis, inteiramente independentes às flutuações das coisas, da vontade e da ação dos homens. E o homem é chamado originalmente a participar deles, a compreendê-los e a traduzi-los livremente em ato. Com essa luz interior, o facho de todas as religiões, a verdade central de toda filosofia fecunda, e o que tentei mostrar:* ***a unidade de todas as religiões do mundo e o reconhecimento de que todas derivam da mesma fonte divina é a filosofia central da Maçonaria.***

A Maçonaria nos Quintais

A Desmistificação

Irm∴ Lázaro Emanuel Franco Salles
Or∴ Juiz de Fora – MG

Sabemos que nossa Ordem é tida e havida como uma sociedade secreta. E isto costuma acalentar a todos nós, como detentores de uma associação de escolhidos, a quem foi dado o direito de participar por graça de sua grandeza e perfeição.

Dicionaristas definem nossa Ordem como *uma instituição parcialmente secreta*. Já ouvi de alguns Irmãos que este termo é correto, pois se a instituição possui um Cadastro Nacional de Pessoas Jurídicas, tem endereço conhecido e participa da vida comunitária, como considerá-la secreta?

Bem, meus Irmãos, sabendo que a Maçonaria já não é tão secreta como desejávamos que fosse, arvoro, talvez em minha insanidade maçônica, a discorrer sobre uma Maçonaria diferente. Uma Maçonaria despreocupada em exibir-se secreta, mas com uma finalidade maior, mais dignificante e mais adaptável ao terceiro milênio.

Hoje temos um mundo civilizado e evoluído. Constituições locupletam os congressos e os parlamentos do mundo inteiro, deixando gravado que a nenhum cidadão é dado o direito de desconhecer as leis de seu país.

Mas esta é a Maçonaria tida e havida como secreta. E é tão secreta, que vimos, há alguns meses, uma revista de circulação nacional, estampar em primeira página ostensiva matéria sobre a Maçonaria, conclamando que "o maior segredo da Maçonaria é não ter segredo nenhum". E, vamos dar o braço a torcer, a referida matéria foi bem escrita e pesquisada.

Também há alguns anos, e eu tenho aqui a cópia dela, a revista "Eclésia", órgão oficial de um segmento religioso, também estampou em primeira página uma matéria sobre a Maçonaria. Só que eles a ridicularizaram. E atendendo a alguns pedidos, resolvi responder o artigo, de acordo com as leis de imprensa. Se foi publicado ou não, não sei, porque não tive a paciência de acompanhar a tal revista.

Também no passado, o Iniciado Maçom e jornalista, David Nasser, publicou na revista "O Cruzeiro", um dos mais conceituados veículos de informação da época, uma matéria que estampava nossos Templos e alguma coisa de nossos Rituais. O folclore maçônico aponta que o Irmão e jornalista foi regiamente castigado. Mas castigado como, foi espancado, foi esfaqueado, foi difamado moralmente, ou algo parecido? A verdade é que David Nasser continuou sua vidinha como qualquer jornalista, e acabou morrendo de velho. E se os Irmãos da época tivessem praticado justiça com suas próprias mãos? Certamente seriam presos, julgados e condenados.

Mas mesmo assim, a despeito de tudo o que foi dito e comprovado, alguns Irmãos ainda teimam em aclamar a Maçonaria como sendo uma instituição que "gera terror", que produz nas pessoas que não são Maçons, um sentimento de quase revolta, por não saber o que ela é em sua plenitude.

Será que este sentimento é bom?

Alguns dizem que nossa Ordem atravessou todos estes anos, simplesmente por manter esta aura de segredo, este sentimento de boas relações com o obscuro.

Hoje, meus Irmãos, depois do advento dos direitos humanos, não existe mais espaço para atitudes como esta, e se elas existirem, estarão cobrindo a todos nós, Maçons, de vergonha.

Assim, de vez em quando, alguém publica em primeira página uma reportagem sobre a Maçonaria, e o veículo se esgota no primeiro dia. Por que meus Irmãos?

> *Simplesmente porque Maçonaria é notícia.*

E por que Maçonaria é notícia?

> *Porque ainda existe atualmente uma sociedade secreta, convivendo ao mesmo tempo com internet, com biologia molecular, com robótica, com física quântica.*

É claro que todos nós já ouvimos um Maçom mais velho dizer que no tempo dele se fazia justiça com as próprias mãos. Que em sua cidade, a Maçonaria mandava no prefeito, no delegado, e até no padre. E todos obedeciam porque tinham medo da Maçonaria. E se não obedecessem os Irmãos iam lá e faziam e aconteciam.

Uma vez convidei um amigo meu para fazer parte da Ordem. Passados alguns dias ele me disse: – *Olha, eu não posso entrar para a Maçonaria. A minha mãe, que já tem 80 anos, me disse que lá dentro os Maçons dão chicotadas na estátua de Cristo.*

Eu fiquei estático, imaginando como seria nós todos, dentro do Templo, de terno, ou de balandrau, em fila, e o Mestre-de-Cerimônias com um chicotinho na mão, emprestando a cada um de nós por sua vez, e informando: – *Agora é a sua vez, vá lá e dá uma chicotada nele.*

Imaginem, nós todos, eu, cada um de vocês, os Mestres Instalados, os Graus 33, o Grão-Mestre, enfim todos os Maçons, dando chicotadas na estátua de Cristo, pendurado na cruz.

Mas é verdade, ainda existe este tipo de tabu.

E isto acrescenta alguma coisa à nossa Ordem?

Tem Irmãos que gostam de afirmar nas sindicâncias, quando a esposa do Candidato pergunta o que é Maçonaria, ele diz, todo importante: – *Não posso contar pra senhora, é segredo.*

Imaginem a coitada desta mulher. E ela deve pensar assim: – *Puxa vida, vão levar ele embora. Decerto quando ele chegar, vai trazer duas cicatrizes de dentes no pescoço, igual ao Drácula.*

E deve ser assim mesmo. Qual o problema de explicarmos à nossa futura Cunhada o que é a Ordem?

O que ela vem fazendo pela melhora do homem, durante este tempo todo?

Ocultar de não Maçons o que é a Maçonaria é implantar inevitavelmente nele uma série de crendices, que chega às raias do absurdo, como chicotear a estátua de Cristo.

> *O fato de passarmos aos demais esta aura de terror, só aumenta sobre nós o ônus de estarmos fazendo algo errado.*

Ninguém irá defender aqui a abertura de nossos Templos e Rituais aos Profanos, de forma alguma.

Para realizarmos um Ritual Maçônico há necessidade de estarmos a coberto de olhos profanos.

Sim, temos que resguardar nossos Rituais, nossos Sinais, Toques e Palavras. Mas todo o resto, ou seja, nossa cultura, nossa história, o que fomos e somos já é do conhecimento de todos.

> *Hoje se compra um livro sobre Mestres Instalados, na mesma banca onde se vende uma revista Playboy.*

Por que então esta hipocrisia de tentarmos convencer o mundo profano do que não somos?

A ordem maçônica tem um papel bastante definido em nossos dias, ou seja, temos como principal objetivo a formação do homem em seu todo, seu caráter, sua evolução espiritual, sua conduta, enfim, temos por base a melhora do indivíduo, quer dentro, quer fora de nossos Templos.

Os meios que enviaremos para conseguirmos os fins são também muito diáfanos. E aí, meus caros Irmãos, entra a sabedoria do Maçom. Aquilo que aprendemos em nossos Templos, no dia-a-dia de nossas Sessões.

Assim meus caros Irmãos, a lógica deste modesto trabalho é desmistificar a Maçonaria. Ela pode ser uma sociedade secreta, sem estampar a todos uma imagem negra, uma imagem pesada, *como se os Maçons, assim, como os comunistas, também comessem criancinha.*

O chato é que alguns Irmãos gostam de torná-la inexpugnável, inatingível, inacessível. E tudo isto, sabemos, é mentira. Qualquer pessoa, de inteligência mediana, ao ler um livro de Maçonaria, somente por dedução, consegue mensurar os ditos segredos que ocultamos.

É bom falarmos de nosso segredo, mas é melhor ainda termos a consciência que nosso trabalho é tornar melhor o homem. Isto sim é um objetivo muito mais digno e salutar do que ficarmos pelas esquinas *fazendo sinais,* ou *dando toques* a qualquer um, ou ainda falarmos ao telefone, sem saber quem está do outro lado, só para nos identificarmos Maçons: – *Alô, e aí, tudo justo e perfeito?*

Ao invés disto, vamos ler mais sobre Maçonaria, estudar mais nossos Rituais, ampliar nossa cultura, para nos tornarmos melhores.

Temos que ser reconhecidos na sociedade sim, mas por nosso exemplo dentro e fora de nossos Templos. Quer queiram ou não, a sociedade cobra do Maçom este tipo de postura. E quando ela se apresenta de outra forma, claramente, somos julgados e sumariamente condenados pelo mundo profano. Portanto, nossa responsabilidade como Maçons é infinitamente maior que a do Profano.

Mas qual seria então nosso trabalho?

O trabalho que todo Maçom tem a cumprir é seu exemplo. O

exemplo como pai, como filho, como esposo, como amigo, como patrão, como líder e subalterno, enfim, como irmão.

O trabalho que a Maçonaria moderna tem a desempenhar ultrapassa os umbrais de nossos Templos. Vamos realizá-lo então, em nossos nomes, é verdade, mas empregando o que aprendemos em nossos Templos, no banco dos Aprendizes, no dos Companheiros, na Câmara do Meio, ou em qualquer Sessão de qualquer Grau, e de qualquer Rito.

São ensinamentos voltados para a seriedade, para a honra e a verdade. E se isto conseguirmos, tarefa árdua, estaremos então fazendo Maçonaria, secreta ou não, neste momento pouco importa.

Não vamos passar a outrem uma imagem que pouco a pouco estamos deixando no passado. A imagem de uma Maçonaria velha e enferrujada, que se preocupa em ser secreta, e meter medo nos outros, querendo que a respeitem pela força.

Ao contrário, vamos fazer uma Maçonaria moderna, seguindo a ortodoxia de nossos Rituais, exercendo a soberania de sermos considerados justos e perfeitos, e mais que isto, vivendo com a consciência do dever cumprido.

∴

A Maçonaria Simbólica e a Religião Contemporânea

Irm.·. Luiz Alberto Bianco
ARLS "Philantropia Guarapuavana"
Or.·. Guarapuava – PR

P**ITÁGORAS**, depois de travar conhecimento com os ESSÊNIOS E FENÍCIOS, estes informaram existir escolas no Oriente, em que os Magos ou Monges ensinavam nas cavernas, aqueles que desejam um maior conhecimento da Natureza e as forças que dela derivam, em benefício da humanidade.

Assim esteve **PITÁGORAS** no Oriente e quando retornou fundou a Grande Loja de Crotoma, e passou a ensinar o que aprendeu com os Monges do Oriente.

Na biblioteca de Badeiana de Oxford, foi encontrado em 1696 um manuscrito que data possivelmente de 1436.

Trata-se de um Questionário cujas respostas devem ter sido solicitadas a um Maçom pelo Rei Henrique VI da Inglaterra (da casa de Lancaster) a quem atribuem a confecção. Já está muito deteriorado e ainda por ter sido escrito em inglês muito antigo, somente os antiquários podem decifrá-lo; julgando de interesse para os estudiosos o transcrevemos:

Perg.: – Qual o motivo do Mistério Maçônico?

Resp.: – O conhecimento da natureza, a compreensão de suas forças, os fatos que dela derivam, principalmente o conhecimento prático dos números, dos pesos e das medidas, dos meios mais práticos para transformar, tudo o que nos rodeia, em utilidade humana, tal como a construção dos edifícios e toda a classe de vivendas, assim como toda a espécie de Indústrias úteis aos homens.

Perg.: – Qual a sua Origem?

Resp.: – Foram os Essênios e Fenícios que chegaram pelo Mar Vermelho e Mediterrâneo, até a Europa vindo do Oriente seguindo os impulsos de seu espírito comercial, sendo o traço racial que mais os distinguiu.

Perg.: – Como chegou à Inglaterra esta Arte Misteriosa?

Resp.: – Peter Gower (Pitágoras) viajava procurando aumentar os seus conhecimentos, pelo Egito e Síria. Havendo conseguido ser admitido em todas as Lojas de Maçons aprendeu muito. Ao tornar à Magna Grécia, lá se radicou definitivamente, adquirindo fama de sábio. Fundou em Crotoma uma Grande Loja, na qual Iniciou muitos Maçons, alguns dos quais emigraram para a França onde fizeram muitos prosélitos que mais tarde introduziram na Inglaterra sua sublime Arte.

Perg.: – Os Maçons revelaram aos demais homens os seus conhecimentos?

Resp.: – Peter Gower, quando viajava para aprender, foi o primeiro Iniciado Maçom; depois ensinou a outros, porque tinham o direito de saber. Os Maçons em todos os tempos têm beneficiado, gratuitamente, com seus conhecimentos a Humanidade, comunicando-lhe alguns de seus segredos que lhe podiam ser úteis, e ocultando aqueles que possam prejudicar a humanidade se caírem em mãos menos hábeis, e que só poderiam dar benéfico resultado quando auxiliadas pelos ensinamentos adquiridos em Loja Maçônica. Estes conhecimentos reservados eram o que mais ligados mantinham os Irmãos e pela conveniência da mútua fraternidade.

Perg.: – Quais são as artes que os Maçons ensinaram à humanidade?

Resp.: – A Agricultura, a Arquitetura, a Astronomia, a Geometria, os números, a Música, a arte de governar e a religião.

Perg.: – Como podem os Maçons ser mais instruídos que os demais homens?

*Resp.: – Porque somente eles conhecem os novos meios de descobrir as novas artes, das quais a primeira foi em ter como primeiro Maçom **"DEUS"** e esta primeira lhe facilita a aquisição das outras, assim como o verdadeiro meio de ensinar. O que os demais homens descobrem devem à casualidade, e, portanto, são pouco úteis.*

Interrompemos aqui o questionário para tecer o seguinte comentário:

Se o **G∴ A∴ D∴ U∴ – DEUS** foi o primeiro Maçom que habitou na terra, então as deduções dentro da lógica e com bom senso chegamos à seguinte conclusão:

As Escrituras Sagradas nos informam que **DEUS** criou o Homem a sua imagem e semelhança, dotando de inteligência e sabedoria, concedendo-lhe o Livre-Arbítrio, com a finalidade de comandar todos os outros seres vivos, que também havia criado, mas somente ao homem foi dada a inteligência, pois este deveria povoar a terra.

Assim é que chamou a sua criação fazendo-a deitar e, adormecendo, deu a ela o sopro da vida, colocando em seu interior todos os **SENTIMENTOS HUMANOS** que um homem deve possuir e aplicá-los em todos os momentos de sua existência.

Para que se tenha conhecimento transcrevemos abaixo esses Sentimentos:

> *Amor, Auxílio, Alegria, Ânimo, Amizade, Abnegação, Bondade, Beleza, Brandura, Caridade, Convicção, Coragem, Compaixão, Coerência, Clareza, Capricho, Cordialidade, Confiança, Compreensão, Consolação, Castidade, Dever, Devoção, Doçura, Dedicação, Dignidade, Dinamismo, Disciplina, Desprendimento, Esperança, Equilíbrio, Entendimento, Educação, Evolução, Fé, Força, Felicidade, Firmeza, Fraternidade, Franqueza, Fidelidade, Gratidão, Gentileza, Honra, Honestidade, Humildade, Harmonia, Indulgência, Igualdade, Justiça, Juízo, Louvor, Liberdade, Lealdade, Misericórdia, Modéstia, Meditação, Moralidade, Mérito, Ordem, Otimismo, Paz, Perdão, Pureza, Perfeição, Paciência, Precaução, Presteza, Progresso, Perseverança, Probidade, Prudência, Respeito, Razão, Resignação, Renúncia, Redenção, Responsabilidade, Reconhecimento, Sacrifício, Simpatia, Simplicidade, Satisfação, Sensatez, Sabedoria, Submissão, Saudade, Sinceridade, Santificação, Talento, Ternura, Tolerância, União, Verdade, e Valor.*

Vejam os IIrm∴ que parece impossível, mas temos dentro de nós e que não aplicamos, 95 sentimentos, e nunca chegamos a pensar em nenhum momento que possuímos todas essas virtudes, que são as melhores qualidades, que nos foram doadas pelo G∴ A∴ D∴ U∴, e que somente uma pequena parte é que usamos.

Vamos agora demonstrar que a nossa Ordem é a que mais procura fazer com que seus membros pratiquem esses sentimentos:

A Maçonaria sendo uma Instituição Filosófica, Filantrópica, Educativa e Progressista, faz com que seus membros pratiquem dentro dos princípios e ensinamentos a CARIDADE, mas com DESPRENDIMENTO, e HUMILDADE, e ainda que o Maçom trabalhe em benefício do aprimoramento de seu espírito sempre procurando a

EVOLUÇÃO, dentro de seu ENTENDIMENTO, sempre com COMPREENSÃO, COERÊNCIA e EDUCAÇÃO, porque se esta ordem não for obedecida nunca esse Irm∴ poderia ser considerado como uma pessoa de RESPEITO, RESPONSÁVEL e HONESTO, e se contrariamente proceder, nunca saberia aplicar a JUSTIÇA com DISCIPLINA, e jamais teria ESPERANÇA de um dia conceder a alguém menos favorecido pela sorte o PERDÃO.

Quando nos reunimos aqui na Loj∴ para mais um trabalho sempre procuramos lembrar os IIrm∴ a aplicação dos princípios maçônicos que são LIBERDADE, IGUALDADE e FRATERNIDADE, sendo a sua forma de trabalho sempre com ALEGRIA, CORDIALIDADE, DEDICAÇÃO, RESPEITO e DEVOÇÃO, para que nunca deixe de aplicar um JUÍZO DE VALOR, com a maior e melhor SINCERIDADE e TOLERÂNCIA.

Vejam os IIrm∴ agora que em poucas linhas e num diminuto tempo colocamos nada mais nada menos que 26 desses sentimentos.

Assim é que os Maçons são desprendidos do que fazem e com Humildade, razão pela qual as religiões têm reservas com a Maçonaria, porque estão todos aqueles que dizem serem Servos de DEUS, na *"ETERNA BUSCA PELO PODER"*, usando o nome de DEUS para atingir seus Objetivos e nunca para consolar ou mesmo dar Esperanças àqueles que a esses recorrem.

Agora vamos colocar alguns pontos diferentes que existem entre a MAÇONARIA e a RELIGIÃO.

Os Maçons não tomam nenhuma atitude, nem iniciam seus trabalhos sem antes invocarem a proteção do G∴ A∴ D∴ U∴.

Mas as leis maçônicas proíbem serem discutidos assuntos religiosos e políticos quando das Sessões nas LLoj∴.

Essas proibições são em razão da aplicação da Filosofia Maçônica, em que determina que não se faça distinção entre os homens, pela sua cor ou religião.

Também há outras diferenças entre a Maçonaria e as Religiões:

A Religião abre a porta a todos os Indivíduos, já a Maçonaria aceita aqueles que ela seleciona e escolhe os que lhe convém.

A Religião pode pretender a reforma dos indivíduos, já a Maçonaria só aceita indivíduos perfeitos e não sujeitos às reformas.

A Religião para a Maçonaria procede do coração, do sentimento e da consciência de cada um de seus membros. Ela tem por objeto as necessidades do coração, a libertação, o enobrecimento de nossa vida Moral, e tudo o que não estiver dentro desse princípio e desse fim não é somente supérfluo, mas ainda nocivo.

A Maçonaria simbólica, em relação às religiões atuais, pode ser colocada da seguinte forma:

Quando Iniciamos na Maçonaria, pelos idos de 1959, a Maçonaria antiga ainda mantinha resquícios da antiguidade, hoje a modificação de seus Rituais atualizados dentro da evolução tecnológica em todos os setores foi por demais brutal senão vejamos:

> *A velocidade vertiginosa que foi pelo homem atingida, primeiro o homem conseguiu medir a velocidade do som, mais tarde com a descoberta da eletricidade o mundo ficou maravilhado e agora através da informática fez com que em todos os setores da vida humana ficasse mais difícil a caminhada, mudando o rumo de todas as coisas, modificando nossa maneira de vida de forma brutal.*

Assim é que a religião em razão das modificações também foi obrigada a acompanhar as evoluções do mundo contemporâneo, e se adaptar aos usos e costumes da velocidade da informática, não permanecendo naquele mundo de outrora, em que o homem não possuía meios de informação sobre todos os acontecimentos que apareciam em nosso cotidiano.

Naquela época as crianças freqüentavam os colégios religiosos, que as instruíam sobre a crença em um ente supremo, que determinava a tudo e a todos, e que vigiava diariamente castigando aquele que lhes desobedecia, sendo essa desobediência determinada pelos

Padres e Pastores das poucas religiões de outrora, diga-se hoje são centenas, porque *"A eterna busca pelo poder"* acentua-se em determinadas pessoas e cresce vertiginosamente a Vaidade Humana; daí, se dedicam a profissionalizarem-se em uma atividade que possa reunir quantidades de incultos, os quais eles possam dominar; então se realizam.

Falaremos agora da Maçonaria Simbólica, a qual Inicia as pessoas e ensina a dar os primeiros passos dentro da Filosofia Maçônica.

Assim é que vamos transmitir o pouco que conseguimos assimilar em nosso eterno aprendizado dentro de uma Loja Maçônica. Quando fomos admitidos lembramos muito bem e guardamos o que o V.·. M.·. nos disse: **"BEM-VINDOS AO TEMPLO DA VIRTUDE".** Ficamos muito surpreso, admirado e interiormente satisfeito, procurando entender que tipo de Instituição era aquela.

Mais tarde verificamos o verdadeiro sentido daquela frase, e passamos a admirar e estudar a Maçonaria e chegamos à seguinte conclusão.

VIRTUDE – Disposição Habitual para o Bem, para o que é justo e verdadeiro;

É o conjunto de todas as boas qualidades morais de retidão de Comportamento;

É uma disposição da alma que nos induz à prática do Bem;

Isto quer dizer que na Maçonaria os ensinamentos da Instituição são procurar a prática do bem, o aprimoramento interno do ser humano em busca da verdade.

Na Filosofia Maçônica os ensinamentos sobre o que é:

- Ser Maçom é receber a Luz que o dirigirá através do caminho da Virtude;
- Ser Maçom é vencer as paixões que desonram e desgraçam o homem;
- Ser Maçom é socorrer os IIrm.·. nas suas aflições e necessidades encaminhando-os na senda do bem e desviando-os da prática do mal, dando exemplos de Tolerância, Justiça e Respeito à Liberdade;

- Ser Maçom é combater a vaidade, a ambição, o orgulho e os preconceitos;
- Ser Maçom é lutar sempre contra a mentira, o fanatismo e a superstição;
- Ser Maçom é interessar-se pelo aperfeiçoamento de seus IIrm∴ para que estes possa agir com Prudência, e julguem com Justiça, porque Bom não é aquele que perdoa, mas sim aquele que faz justiça;
- Ser Maçom é agir com Inteligência, Calma, Desprendimento e Sabedoria, porque somente com essas virtudes pode ele chegar mais perto da Verdade;
- Ser Maçom é participar de uma associação íntima de homens escolhidos cuja doutrina filosófica *tem por base o G∴ A∴ D∴ U∴ que é Deus; ter como regra a lei natural; ter como causa a verdade, a liberdade e a lei moral; ter como princípio a igualdade, a fraternidade e a caridade; ter por frutos a verdade, a sociabilidade e o progresso; e por fim a felicidade dos povos*.

Na Filosofia da Maçonaria Simbólica, quando somos Aprendiz, nosso Grau é o número 1; após algum tempo somos Elevados ao Grau 2 de Companheiro; e mais tarde ao Grau 3 de Mestre.

Dentro do nosso entendimento temos que, ao ser recebido pelo Venerável Mestre em nossa Iniciação, nós é que escolhemos a Instituição que queremos pertencer; portanto, temos a **LIBERDADE** de escolha. Assim, quando foi determinado pelo V∴ M∴ que o Irm∴ M∴ de CC∴ nos encaminhasse até o 1º Vig∴ para que este nos ensinasse a trabalhar a Pedra Bruta, traçamos naquele momento a primeira linha do Triângulo.

Quando Elevados a Companheiro Grau 2, fomos encaminhados ao 2º Vig∴ para trabalhar na Pedra Polida, então traçamos a Segunda Linha do Triângulo, a **FRATERNIDADE**; e quando Elevados ao Grau 3 de Mestre, após um longo tempo de estudos fomos encaminhados ao V∴ M∴ para prestar nosso Juramento, então traçamos a terceira linha do Triângulo, a **IGUALDADE**, pois doravante passaremos a nos sentar na Câmara do Meio.

Daí temos o Aprendiz, o número Um, o princípio de todas as coisas, o começo, digamos o **G∴ A∴ D∴ U∴**. Após um longo tempo de Estudos fomos Elevados ao número Dois, Grau de Companheiro, que é a contraposição do Número Um; daí temos o Número Um o **BEM**, o Número dois o **MAL**, o Número Um a **LUZ**, o Número Dois as **TREVAS**, o Número Um a **VIRTUDE**, o Número Dois o **VÍCIO**, etc., etc., significa que o Companheiro tem que estudar para poder separar o Número Um do Número Dois. Quando já sabe discernir essa filosofia então é Elevado ao Grau 3 de Mestre, que é o último dos Graus da Maçonaria Simbólica. Na Lenda de Hiram Abi, o Construtor do Templo de Salomão, quando foi assassinado por três de seus discípulos. Na cerimônia de Elevação o Elevado é deitado em uma Urna Mortuária, onde o V∴ M∴ quando tira o Irm∴ de dentro o faz pelos 5 pontos da Maçonaria, da seguinte forma: m∴ em forma de g∴, p∴ d∴ com p∴ d∴, j∴ d∴ com j∴ d∴, p∴ d∴ com p∴ d∴, m∴ e∴ nas c∴ e com três batidas nas c∴ para transmitir a Pal∴ Sagr∴.

Explicaremos agora o Significado dos 5 pontos da Maçonaria no Grau de Mestre:

1º) – A m∴ d∴ contra a m∴ d∴ significa que o Maç∴ deve estar sempre pronto a estender sua m∴ em socorro de seus IIrm∴;

2º) – P∴ d∴ contra p∴ d∴, que sempre o Maç∴ deve correr em defesa e amparo de seus IIrm∴;

3º) – J∴ d∴ contra j∴ d∴, que o Maç∴ somente deve prostrar-se de j∴ perante o G∴ A∴ D∴ U∴, o qual nunca dele se esquecerá.

4º) – P∴ d∴ contra p∴ d∴, que os segredos que lhes foram confiados nunca os revelará a não ser a um Irm∴ e que os guardará sempre dentro de seu p∴;

5º) – A m∴ e∴ nas c∴ significa, finalmente, que envidará sempre todos os esforços em defesa de seus IIrm∴, quaisquer que sejam os perigos que os ameacem.

Assim é que o Grau de Mestre dentro de uma Loja Maçônica é o último dos Graus Simbólicos, e este é o que mais deixa no Maç.·. todo o simbolismo maçônico acentuado e que mais marca na Loja, pela leitura da Lenda e pelo juramento, quando o V.·. M.·. diz:

Levantai-vos Irm.·.. Ides representar o maior homem do mundo maçônico, nosso Resp.·. Mestr.·. HIRAM.

Agora vamos dizer por que os Maçons usam os três pontinhos em seu nome:

Conforme dissemos, quando falamos sobre a Maçônica Simbólica mostramos que o número 1 é o princípio de todas as coisas, o número 2 é a contraposição do número l, e o número 3 é o número perfeito. Diz a Filosofia Maçônica que uma Loja se compõe pelos números 3 – 5 – e 7, então temos que três governam, cinco iluminam e sete deixam justa e perfeita. O número 3 sendo o número perfeito, em primeiro plano temos **DEUS PAI, DEUS FILHO E DEUS ESPÍRITO**. 3 são as três grandes luzes da Maçonaria, **O L.·. DA L.·., O ESQ.·. E O COMP.·.**. Também o número 1 é o Ven.·. no Or.·., **SABEDORIA**. O número 2, o 1º Vig.·., **FORÇA**. E o número 3, o 2º Vig.·., a **BELEZA**, porque a **SABEDORIA INVENTA, A FORÇA SUSTENTA E A BELEZA ADORNA.**

Assim é que dentro de nosso conhecimento citamos alguns pontos sobre a Maçonaria Simbólica, e colocamos algumas diferenças entre a Maçonaria e a Religião.

Hoje se diversificou demasiadamente em razão do interesse em ter uma posição junto à sociedade atual, inclusive foram feitas alterações nas Escrituras Sagradas, de acordo com o interesse de cada setor religioso, o que entendemos que a **VAIDADE HUMANA E A ETERNA BUSCA PELO PODER JAMAIS SE EXTINGUEM**.

.·.

A quem Cabe a Culpa?

Irm∴ Derly Halfeld Alves
Loja "Fraternidade Brazileira" de Estudos e Pesquisas
Or∴ Juiz de Fora – MG

Muito se tem falado e escrito sobre as evasões de Irmãos que, às vezes, por motivos não bem definidos se afastam das Lojas.

Gozo da intimidade fraterna de dois valorosos Irmãos, ambos Engenheiros Agrônomos, Milgar e Paulo, respectivamente dos Orientes de Viçosa e Lavras, ambos no território mineiro, e que têm apresentado Trabalhos estatísticos e de profundidade sobre o assunto, inclusive por faixa etária. Estes Irmãos são Membros Correspondentes da Loja "Fraternidade Brazileira", e nos Encontros Nacionais, dos quais sempre participam, apresentam Trabalhos versando sobre as evasões de Irmãos das Lojas.

No meu conceito, na grande maioria das vezes, se fizermos um retrospecto, chegaremos próximo da realidade.

Existe um "Teste de Avaliação" usado pela ARLS "Fidelidade Mineira", parece-me que originário da Marinha brasileira, e adaptado, que fornece dados quase que reais sobre Candidatos ao ingresso na Ordem Maçônica, e por diversas vezes fiz parte da comissão avaliadora, podendo verificar que o teste funciona na investigação de vários aspectos, inclusive sobre a permanência regular do Candidato. É claro tratar-se de um teste de "*avaliação e não de confirmação*".

Nossa indagação, sem sombra de dúvidas, pela nossa experiência e vivência, além da idade que nos proporciona, a cada dia, mais contatos e mais conhecimentos reais, nos leva a indicar dois fatores preponderantes que recaem sobre **o Proponente e os Sindicantes**, os quais analisaremos a seguir.

a) o Proponente ou Padrinho:

Em quase todas as Obediências, usa-se o formulário que poderá variar de nomenclatura, ou seja, "prévia ou proposta inicial", que via de regra é depositada na bolsa de propostas e lida pelo Venerável Mestre no momento oportuno.

Neste documento inicial, o proponente preenche os dados exigidos, e existe um item fundamental: "*Quanto tempo conhece o Candidato?*". E é neste item que está a "chave da ciência", ou seja, um dos dados fundamentais, senão o fundamental para que o Candidato seja aceito e Iniciado.

Vamos aqui abrir um parêntese para narrar um fato verídico, ocorrido na Loja "Fidelidade Mineira" deste meu Oriente e da qual sou membro efetivo:

Um Irmão, irregular, solicitou que um regular (já falecido), apresentasse um seu Candidato, e no item já mencionado, ou seja, "*quanto tempo conhece o Candidato*", a resposta foi definitiva: **"Há duas horas"** – não é anedota, é fato real. Por azar dos três (os dois Irmãos e mais o aspirante), era eu o Orador da Loja, e, consultado pelo Venerável, determinei que a prévia foi restituída ao Irmão proponente, sem qualquer comentário.

O Mestre Maçom ao propor um Candidato para ingressar na Arte Real, todos nós temos por obrigação e direito, pelos compromissos assumidos em assembléia de homens livres, respeitados, íntegros e de reputação ilibada, acreditar integralmente na indicação do Irmão, a menos que a proposta não esteja complementada na sua plenitude, como foi a do ocorrido citado.

Na minha opinião, é muito sábia a ideologia do Rito de Emulação (York), em que o Candidato proposto pelo Mestre Maçom é aceito "de pleno", sem sindicâncias, mas isto acontece na Inglaterra, e não no nosso Brasil.

É necessário que o proponente fique responsável pelo Candidato, em todos os sentidos, dando as necessárias instruções, quer como Aprendiz, como Companheiro e até mesmo como Mestre.

O que na realidade acontece é exatamente o contrário, isto é, o Candidato é Iniciado e o proponente julga que a Comissão de Instrução é a responsável pelo destino do seu Candidato, e nem sempre tal comissão funciona, e quando funciona, o recém-Iniciado nem sempre está disponível nos horários propostos pela comissão.

E aí está meus prezados Irmãos e leitores, a nossa primeira indagação, se a permanência de um Maçom nos Quadros normais tem como principal peça sustentadora o seu proponente pelas razões expostas, ou, repetindo, por apenas propor e abandonar por completo o seu apaniguado, relegando-o ao sabor dos ventos, como diz o poeta.

b) — os Sindicantes:

Cumpridas todas as formalidades legais (documentos, fotos, publicações, etc.), são distribuídas normalmente três sindicâncias, com prazo fixado em três semanas, como se a sindicância de um Candidato fosse um inquérito policial-militar, para cumprimento de justiça.

A sindicância jamais poderia ser fixada com prazo de restituição, e tal fato, queira ou não, é o que muitas vezes acarreta a precipitação de sindicâncias, com faltas de rigorosa investigação em torno do comportamento "social, familiar e profissional do Candidato".

O que na prática acontece é o sindicante ir até a residência do Candidato e questioná-lo, preenchendo os formulários pelas respostas obtidas pelo interessado.

Os próprios formulários são totalmente desatualizados, não

correspondendo aos princípios de uma perfeita sindicância, senão vejamos:

- pergunta-se ao Candidato se ele já se envolveu com a justiça e a polícia, é claro que a resposta será sempre negativa;
- se o Candidato é voltado ao uso excessivo de bebidas alcoólicas, voltado ao lascivo, se é dado à libertinagem, ou outros aspectos que o possam rejeitar – claro que também as respostas serão sempre negativas.

Já tive oportunidade de restituir ao Venerável sindicância que me fora outorgada por não encontrar, por parte do proposto, meios de identificá-lo, para obter fontes informativas.

É usual o sindicante em seu relatório, quando o faz, tecer enormes elogios ao Candidato, à sua família, pelo acatamento que o dispensaram na entrevista formulada. Diz o sindicante, finalizando o relatório, como um "refrão" permanente: **"Trata-se de uma ótima aquisição para a Loja"**, e, às vezes o Candidato é rejeitado, ou por antipatia pessoal, ou por ser um Candidato inadaptável ao meio maçônico.

Expostos estes fatos, voltamos à pergunta do nosso título: A quem cabe a Culpa? Ao Proponente ou aos Sindicantes?

Hoje, mais do que nunca, a Maçonaria brasileira necessita do oxigênio dos que por ela lutam pela sua sobrevivência, e principalmente das nossas Oficinas, tão esvaziadas pelo desinteresse, pela pouca afeição, e jamais aceitar a falta de amor pela Ordem. É preciso, porém, lembrar a advertência do Visconde Luiz de Ronald, escritor do século passado: *"Nas épocas de crise, o difícil não é cumprir o dever, o difícil é saber onde ele está"*.

Meus valorosos Irmãos submeto-me, contudo, à vossa sábia decisão, usando para concluir palavras do meu saudoso Professor e Irmão, Lysis Brandão da Rocha:

> *Tenho sido apenas um trabalhador constante de nossa Arte, um Obreiro fiel aos formulários de nossa Fé, que se assentam na trilogia de FRATERNIDADE, JUSTIÇA, e PAZ.*

A Loja Maçônica "Fraternidade Brazileira" de Estudos e Pesquisas

Cunh∴ Edmir Silva Moreira
Or∴ Juiz de Fora – MG

É uma Loja de estudo
Composta de grandes Irmãos
FRATERNIDADE – já diz tudo
Onde todos dão as mãos.

Também Ela é BRASILEIRA
No mundo correspondentes tem.
Seguindo sempre altaneira
Há oito anos, mais cem.

Por algum tempo adormecida
Voltou com muita pujança
É no mundo reconhecida
Seguindo com liderança.

Seus encontros – Fabulosos
Com considerável freqüência
Traz de fora Irmãos famosos
Que primam pela eloqüência.

Mês outubro – dia dezessete
Mais um ano completado.
Cumprimentos ela merece
Por mais um encontro realizado.

∴

Espírito Maçônico

Irm∴ Marcos Vinicius Rodrigues
Or∴ Juiz de Fora – MG

Espírito ou ideal maçônico é este ardente anseio interior, incomum e perseverante de se instruir e aperfeiçoar com o objetivo de poder melhor servir ao **SUPREMO ARQUITETO DO UNIVERSO**, que é **DEUS**, em sua Obra de guiar e ajudar a humanidade. Os Maçons devem ser Obreiros fiéis e competentes na construção do edifício material, moral e espiritual do mundo. Por este trabalho de auto-superação e solidariedade humana, não deve o Maçom esperar e nem buscar recompensas; o prazer interior pelo dever cumprido deve ser o seu melhor pagamento. É bom que o aspirante saiba que os deveres do Maçom são muito maiores e mais numerosos do que os do homem comum; em compensação, o seu salário é aquele que a traça não rói e o tempo não destrói.

O alimento do Espírito Maçônico é por excelência a prática da virtude e dos deveres de cada Grau.

A Maçonaria é uma escola de Iniciação; tem seus **Ritos, Símbolos** e **Graus**.

Os Ritos são a tradição dos costumes e das Cerimônias. Os Símbolos são a linguagem que conduz à investigação da Verdade.

Os Graus se destinam à distribuição da instrução, do trabalho e do salário. Dentro da Maçonaria, a única diferença que deve existir entre seus membros não é sua posição social, sua riqueza, seus títulos, sua raça; é o seu mérito e demérito, pois na época atual os Graus não representam, infelizmente, em todos os Maçons, as suas qualidades despertadas, seus serviços prestados e seus conhecimentos. Isto, porém, não é culpa da Maçonaria, e sim daqueles que se dizem Maçons e não o são, embora estejam dentro de seus Templos.

A instituição maçônica tem sérias responsabilidades para com a Humanidade. Por isto, o Candidato a Maçom deve e precisa conhecer, antes de seu ingresso, quais serão os seus deveres fundamentais, para que possa conscientemente assumir os devidos compromissos para com a Ordem.

O primeiro desses deveres é o de Lealdade e Respeito para consigo mesmo e para com a Divindade Interior. Deve saber que é e será, à Luz da verdade e da Lei Eterna, juiz imparcial de si próprio, e que mais cedo ou mais tarde terá que dar contas de todos os seus pensamentos, palavras, sentimentos e obras. Deve saber que ninguém burla a Lei da Justiça Eterna sem as penas conseqüentes. Outros deveres para consigo mesmo relativos ao seu corpo, mente e espírito estão muito bem explicados em diversos compêndios.

Os deveres para com os Irmãos são ainda os de Lealdade e de Respeito, Estima e Fraternidade, Solidariedade e Confiança em todas as iniciativas voltadas para o bem e o triunfo da Verdade. Conquanto seja da Lei que cada Irmão deve se esforçar para o crescente aperfeiçoamento, é também da Lei que cada Irmão deve ser o guardião de seu Irmão. A Lealdade exige que não haja mentiras entre Irmãos, pois a dissimulação é um crime. Enganar a outrem é ser desleal a si próprio.

O respeito ensina que as verdades devem ser ditas mutuamente sem ofensas, humilhações, censuras, julgamentos e, sobretudo, sem quebra de estima fraternal, quer concordando ou não com o ponto de vista ou idéia apresentada ou defendida por um Irmão. A proposta de uns Irmãos recusada pela maioria, não deve ser motivo de ressentimento, principalmente quando debatida com elevação, respeito e amizade. A Estima, essa Estima gerada pela compreensão e respeito e cimentada pela confiança e identificação de ideais, é o organismo vivente que canaliza entre Irmãos a força da instituição, e quem sabe ... Um raio de Luz de seu prodigioso Segredo? ... A Fraternidade é o sentimento que mantém a irmandade a serviço da humanidade; sem o seu cultivo, a árvore maçônica não produziria frutos substanciais. A Fraternidade é nata no coração; é a base da filantropia verdadeira que DÁ sem buscar recompensa. Quem dá com intuito de receber, mesmo que seja gratidão ou elogios, não sentiu ainda a beleza do dever fraternal, ainda não é Maçom. A fraternidade diz que somos Irmãos, filhos do mesmo Pai Celestial, da mesma Substância, do mesmo Princípio, da mesma Unidade Universal, donde tudo surgiu e se diversificou.

Podemos e devemos ser fraternais, mesmo com aqueles com os quais não tenhamos afinidade mental, intelectual, etc. Fraternidade não deve ser praticada somente para com os Irmãos Maçons; ela deve se estender a todos os irmãos da humanidade. Porém, quem ingressar na Ordem com o intuito de buscar apoio fraternal para obter honrarias, melhorar de vida material, obter vantagens, esperar proteção para se livrar das justas penalidades da lei, ganhar causas injustas, ficar imune quando abusa da honra alheia, erra o caminho e se arrependerá amargamente. Solidariedade Maçônica é o laço moral entre os Irmãos, a fim de que possam cumprir melhor sua responsabilidade pessoal e coletiva perante o mundo.

Os deveres do Maçom para com a Loja e a Ordem são aqueles que o induzem à freqüência assídua às Sessões, ao zelo, dedicação e amor a tudo que se relaciona com ambas. Deve sentir-se contente ao participar dos trabalhos da Loja. Sua freqüência não deve ser uma obrigação penosa; deve ser um prazer e fonte de conforto pela oportunidade do convívio com os Irmãos e pelo contato com o verdadeiro espírito da Instituição, que deve viver e existir em todos os Templos Maçônicos. Quando o Irmão começa a deixar de freqüentar as Sessões, sem motivo raramente justificável, é sinal de que está perdendo o interesse pelas coisas maçônicas. O Irmão não precisa ser convidado a freqüentar a Loja; ele deve ser o primeiro a sentir a necessidade de tal assiduidade; se isto não acontece, e se a falta de interesse vem de sua parte, deverá normalizar sua situação e pedir sua exclusão do Quadro. Quando designado para desempenhar uma função ou prestar serviços, deve agradecer a oportunidade. Cumprindo seu dever, não deve exigir recompensas ou elogios. Todo Maçom sincero e esforçado é guiado pelo Espírito da Instituição e pelos seus Irmãos de ideal, que sempre lhe ajudam a conquistar paz, verdadeira prosperidade e grandes amizades.

O grande objetivo da Maçonaria é o despertar do poder latente em cada ser, e converter o homem em Deus consciente de sua divindade sem limitações e dúvidas. A Maçonaria é um agrupamento de todas as correntes filosóficas e iniciáticas do passado. Respeita todas as religiões; apenas não pode aceitar os maus sacerdotes; porém, reverencia os bons e virtuosos.

A Maçonaria é a ciência da evolução; é também Tradição; está libertada de dogmas; é, no entanto, essencialmente política no mais grandioso sentido da palavra; realiza a verdade e o bem e procura despertá-los em cada ser, independentemente de raças, credos ou partidarismos; cumpre o seu desígnio de mediadora ativa e laboriosa, defendendo os governos justos, defendendo o povo contra toda usurpação; realiza sua Obra, silenciosa ou publicamente. O Espírito da Instituição é imortal; está vivente e presente em toda parte onde se faz necessária a atuação da justiça e do bem. Se o mal aparentemente triunfa, ele não se esmorece e reinicia sua ação. Dizem os Profanos que na Maçonaria há um segredo ... Saiba, no entanto, o aspirante que mui raros são os Maçons, mesmo os que estão colados em elevados Graus, que descobriram este Segredo ... Este prodigioso Segredo não se comunica: sente-se e descobre-se; é como a palavra perdida do Mestre; só a conseguem os adeptos verdadeiros.

Ser Maçom é a maior honra para um homem; é também sua

maior responsabilidade. Muitos entraram para a Maçonaria, mas nunca foram Maçons; também, muitos dos que estão não o são. Eis por que, esses, facilmente desanimam, entregam-se ao desengano, imaginam e procuram sempre um motivo inexistente para se afastarem da Ordem e acusá-la; aborrecem-se quando não são Elevados de Graus; melindram-se quando não são satisfeitas suas vontades; esses nunca tiveram Espírito Maçônico. Por isso não deve o aspirante se decepcionar se encontrar no campo maçônico esses elementos que não souberam honrar sua palavra e que sempre estão dispostos para tentar estabelecer a discórdia; sem dúvida, tem existido sempre desses seres em todas as sociedades; os motivos são os mais diversos.

O verdadeiro Maçom, no entanto, cumpre o seu ideal, independentemente dos maus Irmãos; trabalha e tem absoluta confiança no poder da Bondade e da Justiça.

Para entrar na Maçonaria não se exige perfeição absoluta do Candidato; se lhe exige que esteja em condições financeiras de fazer face aos encargos, sem perda do equilíbrio orçamentário; exige-se que tenha comprovada idoneidade moral; não se lhe exige intelectualidade, e sim, capacidade de compreensão, bom senso e boa vontade para o trabalho e o estudo. Sua posição social, sua riqueza, seus títulos, não são por si só bastante para que lhe sejam abertas as portas do Templo. A crença consciente e convicta de que a Justiça e o Bem triunfarão por fim, como manifestações da Divindade no homem e no cosmo, é também uma exigência básica.

É necessário que o aspirante a Maçom esteja disposto a se libertar do jugo de todo e qualquer preconceito racial e separatista, pois a Maçonaria é uma Instituição essencialmente universal.

Ninguém deve ingressar na Maçonaria para satisfazer apenas a um amigo Maçom que o tenha convidado. É muito difícil ser Maçom; as responsabilidades são enormes. Ser Maçom é estar colocado num posto de sacrifício, porém ao mesmo tempo de honra.

Não falamos de honrarias humanas; não falamos de sacrifício, como sinônimo de renúncia, e sim como sinônimo de auto-superação no caminho ascendente do aperfeiçoamento próprio a serviço do bem comum.

Eis, em resumo, alguns esclarecimentos que fornecemos ao aspirante a Maçom, com o intuito de ajudá-lo a decidir-se por si mesmo, e bem assim a não se equivocar em suas considerações a respeito da Instituição Maçônica.

∴

A Maçonaria e suas Bases Filosóficas

Irm∴ João Alves da Silva
Or∴ Maceió – AL

A definição filosófica da Maçonaria transcende sua definição jurídica, ou sociológica, como um sincretismo de filosofias espiritualistas, um sincretismo cultural, o mais universal que podemos identificar, porque se trata de um complexo de aculturação dos mais ricos que se conhece, revelando conteúdos mágicos, formas ritualísticas e também racionalizações de uma instituição complexa embora de objetivos bem definidos. Eis aí uma nossa caracterização bem pessoal através da qual procuramos situar as bases filosóficas de um estilo de pensar e um estilo de agir.

São tantas as versões sobre as origens da Maçonaria que isso justifica uma grande dificuldade para situá-la numa única posição. Em primeiro lugar, parece-nos que aqueles que a situam na Inglaterra, ou na França, fazem uma pesquisa menos profunda e não se adentram na Maçonaria Real, exotérica e só apanham poucos aspectos históricos da instituição, numa visão superoficial. Deslumbram-se com a Maçonaria exotérica, exotérica e sem intuição filosófica, anatomizam a instituição nos seus objetivos visíveis e mais superficiais.

Só pode entender o que é Maçonaria quem entende sua

filosofia, ou, a rigor, quem é conhecedor das filosofias orientais, todas teístas, quem a procura nos contextos culturais variados onde ela assume uma fisionomia particular, embora mantendo sempre uma perspectiva do universal.

Maçonaria é universalismo no melhor sentido do termo, que reúne diferenças étnicas, religiosas, sócio-culturais, idiossincrasias raciais e de ordem psicológica numa convivência criadora da tolerância, sua grande virtude. Daí que aceitam grupos religiosos diferentes no seu seio, livros sagrados diversos conquanto se mantenham um único postulado filosófico e também tornado Dogma da instituição: a crença em Deus, seja ele na sua forma cristã ou outra forma monoteísta. Mantém uma idiossincrasia contra o politeísmo e sustenta, por coerência, uma antítese, p.ex., com o Marxismo, que é uma expressão filosófica materialista, especificamente a do materialismo histórico e dialético.

Ao pesquisarmos sobre as origens da Maçonaria, a seguir, constatamos na diversidade dos pontos de vista a dificuldade de situar uma filosofia maçônica única. É ela uma convergência de filosofias espiritualistas orientais, que admite a tolerância e que cultiva um humanismo universalista de objetivos não só transcendentais, mas também imanentes no processo histórico traduzidos na solidariedade.

A Maçonaria é uma sociedade de origens antigas e diferentes Graus iniciáticos e Rituais.

Exemplo deste tipo de sociedade, formando um hipersistema, é o Grande Oriente do Brasil, cuja constituição de 1977 tem por pressupostos a Constituição de Anderson, de 1723, da Inglaterra, sendo uma instituição de objetivo universalista.

Define-se então "uma instituição maçônica federativa, simbólica, regular e legítima que preside os Grandes Orientes estaduais e as Lojas Simbólicas" (Cap. II – 1). No seu artigo primeiro, define-se como "uma pessoa de direito privado, fundada em 17 de junho de 1822".

A definição filosófica da Maçonaria encontra-se no item I, Título

I, Cap. 1: "A Maçonaria é uma instituição essencialmente filosófica, educativa, filantrópica e progressista", que "Proclama a prevalência do espírito sobre a matéria, pugna pelo aperfeiçoamento moral, intelectual e moral, intelectual e social da humanidade, por meio do cumprimento inflexível do dever, da prática desinteressada da beneficência e da investigação constante da verdade", sendo "seus fins supremos a Liberdade, a Igualdade e a Fraternidade".

Numa determinada fase histórica da Maçonaria, ela respira a chamada "atmosfera da época" – a do Iluminismo, ou racionalismo dos "ENCICLOPEDISTAS", agindo como instituição social e política, comprometendo-se com as lutas sociais, como a independência dos povos, a luta contra a escravidão e o despotismo, e, aqui, assume uma forma de Filosofia Política que marcou a história dos povos. Define-se mais como Loja básica, mas não descuida, nos Graus filosóficos, do cultivo de suas funções profundas, religiosas e enigmáticas.

O "Iluminismo" é um sistema de idéias, cuja idéia nuclear é o primado da razão na interpretação dos fatos humanos.

Para nós, não se trata apenas de um movimento característico do século XVIII, podendo suas origens ser pesquisadas em Platão e na Bíblia.

O primeiro, em TIMEU (69) fala de "O Fogo do Olho ... fogo interior que brilha fora se fosse um relâmpago", e, na REPÚBLICA (508) escreve que "A Luz e a visão se parecem com sol, a ciência da alma é como a luz para os olhos cegos". Também in "Carta 7ª" (341).

Na Bíblia (Salmos, XXXVI, 9), está expresso: "Porque em ti está o manancial da vida: na tua luz veremos a luz".

Mateus (6,22): "São os olhos a lâmpada do corpo".

Paulo (Ep. Ef., 6,9): "Porque o fruto da luz consiste em toda bondade e justiça e verdade".

Depois, em Santo Agostinho, aparece uma teoria da Iluminação. Nos "solilóquios" (P.L. XXXII, col. 877), compara Deus ao Sol dos espíritos. A sabedoria seria um processo de iluminação ao Divino.

No "De Civitate Dei" (415) surge o "Verbo como a luz da alma".

Depare-se, portanto, uma "Ilustração" antiga e outra moderna. R. Jolivet (Dieu, Soleil dês esprits) reúne os textos agostinianos sobre o problema, e F. Cayre (Les sources de l'amour divin) caracteriza a Iluminação como "L'intuiton dês premieres idées, en tant qu'elle est une participation à la lumiére de Dieu".

As idéias iluministas modernas aparecem na Alemanha através da "corrente" Sturm und Drang (tempestade e assalto) com Goethe, Schiller, Lessing.

E o Iluminismo moderno tenta "espancar as trevas medievais". Eis a chamada secularização, o laicismo moderno contra a sacralização da atitude anterior, manifesta com os Enciclopedistas, fonte da Declaração Universal dos Direitos do Homem, justificativa do individualismo. A teoria de Rousseau é uma explicação iluminista da realidade social.

O Jusnaturalismo grociano opõe-se ao jusnaturalismo antigo porque é racionalista. E racionalista é a oposição de Locke na Inglaterra, a de Locke e todos os "Iluministas" ingleses e franceses.

O filósofo inglês Locke é um dos grandes teóricos da LIBERDADE – adotado pela MAÇONARIA em sua filosofia política.

Baseando-se na chamada "lei da natureza", diz que a liberdade está contida entre "os poderes humanos", ao lado do próprio corpo, a inquietude, o entendimento, a lei positiva, a sociabilidade.

E, nessa circunstância, a liberdade é não só meio mas condição da existência humana: condição e fundamento da verdadeira felicidade. Essa conclusão da ordem da filosofia política lockiana, adotada pelos enciclopedistas franceses, e, posteriormente, pelos positivistas é o princípio político da Maçonaria, portanto princípio filosófico da Maçonaria universal.

Define o filosófico a liberdade do seguinte modo, numa DEFINIÇÃO que é psicológica e também política: "A liberdade é ... o poder do homem de realizar sua ação particular segundo sua própria vontade" (Essay, cap. 21, arts. 14/27). É coerente sua teoria político-moral com sua teoria do conhecimento.

Conceitua-se, ademais, a liberdade como um fato moral, de modo idêntico a Kant, filósofo alemão.

Outra definição importante do autor é de Lei, como meio para se atingir a felicidade. Daí que a liberdade pode coexistir com a lei – como exigências da natureza humana.

O homem realiza-se numa ordem ditada pela razão.

Se a liberdade é algo inerente à natureza humana que como tal deve ser respeitada, no entanto o filosófico fala também da imperfeição humana: "Essas pobres criaturas finitas", pois o homem pela liberdade está sujeito ao bem e ao mal.

O conceito de felicidade em Locke tem algo de estóico. O homem terá sempre de construir, para vencer sua fragilidade.

Finalmente, o pensamento lockiano político social é racionalista, cristão, constitucionalista, a viga mestra dos sistemas jurídicos modernos, que se expressa em parte no liberalismo, mas cujas conseqüências a nosso ver atingem a teoria social atual superadora do próprio liberalismo econômico e político.

EM CONCLUSÃO: A Maçonaria Exotérica (exterior), social, se define em termos de filosofia social e política como um liberalismo e do ponto de vista esotérico (interior, profundo, secreto) como um Sincretismo religioso de religiões orientais mais antigas, todas deístas do tipo monoteísta, o que justifica o Sincretismo filosófico universalista, verdadeiramente ecumênico, cujo único Dogma religioso e, também, dogma Jurídico, é a crença num Deus único.

A Maçonaria tem uma filosofia que se baseia em postulados morais e em postulados religiosos.

No primeiro caso, ela defende a solidariedade, a lealdade e a fraternidade.

No segundo caso, ela propugna, a começar com o juramento da crença a Deus no ato iniciatório, pelos atos esotéricos e litúrgicos de suas reuniões.

De forma que o sincretismo filosófico de diversas doutrinas Orientais, do fundo filosófico-religioso – característica de todas as religiões antigas – tende a conjugar-se na evolução em primeiro lugar das sociedades secretas em geral, e, particularmente, a marcar definitivamente a Maçonaria – tomada instituição jurídica.

Definimos a Maçonaria como o principal modelo de Ecumenismo, muito antes que religiões outras o tenham pensado.

Em verdade, não encontramos outro fato histórico de real Ecumenismo: indivíduos de diferentes religiões ingressam ou são Iniciados na Maçonaria pronunciando o juramento em Deus, conseguindo viver em família – a família maçônica.

∴

Uma Rosa Perfumada na Maçonaria

Irm∴ Jober Rocha
Or∴ Juiz de Fora – MG

Há pessoas que detestam discutir sobre assuntos que mereceriam uma dissecação melhor a fim de promover ou acompanhar a progressividade ou evolução do tema abordado.

Quem ler ou leu Breno Trautwein, já de saudosa memória, entende o começo de minhas palavras e pode não concordar com as colocações que se propõe, ou porque é conservador no que concerne às tradições, especialmente quanto à Maçonaria, admitindo tratar-se de polêmica sem propósito; ou que não traz resultados práticos, ou enriquecimento cultural para os aficionados de qualquer tema e preferem que um movimento não seja iniciado e mantido. Revolucionar a Maçonaria e torná-la mais dinâmica, aumentando sua eficiência e modernizá-la em seus Ritos e conceitos de modo a servi-la melhor, seria o mesmo que violentá-la.

Assim é que, segundo um dos pensamentos de Breno, seria interessante que houvesse mais uma potência para abrigar os descontentes com a direção das três tradicionais já existentes e conduzirem-se numa nova filosofia administrativa, mais livre e mais autêntica em relação aos dias atuais sem as amarras umbilicais dos trezentos anos passados como a lenda de Hiram e ritos tradicionais, tanto inexpressivos como ridículos e piegas, que são mantidos em obediência às normas e conceitos intocáveis e consolidados, que não admitem nem tocar no assunto.

De meu modesto e completamente retocável entendimento, tudo deve ser objeto de estudo e discussão e se chegar ao entendimento que cada um, livremente, concluir seja de seu livre-arbítrio.

Até temas bíblicos que não há como engolir, como a história de Adão e Eva ou o fato de Salomão possuir trezentas esposas legítimas e setecentas concubinas. Aceitar temas dessa natureza é o mesmo que fornecer atestado de burrice a si próprio. Há inúmeros outros temas que não suportam a menor análise.

Outro fato que rende discussão para mais de metro, como diria o paulista, é a presença da mulher na ritualística maçônica, participando em Loja Mista ou essencialmente feminina de trabalhos, visando os mesmos princípios que defendemos na sua plenitude. Por que não pode? Simplesmente porque o "landmark" número 18 nos proíbe (e sua interpretação já não é a mesma), seria a resposta. E se aceita pacificamente sem a mais mínima discussão ou reação, sem coragem de enfrentar o problema e sem procurar penetrar no espírito da Lei, que foi elaborada há trezentos anos, hoje completamente divorciada da realidade atual. "Ipsis verbis", diz o landmark número 18:

> *Por este landmark os Candidatos à Iniciação devem ser isentos de defeitos ou mutilações, livres de nascimento e maiores. Uma mulher, um escravo, não pode ingressar na Fraternidade.*

Se em nossos dias tivemos até um Grão-Mestre paraplégico (que, provavelmente, assim ficou após ter sido Iniciado), não podemos duvidar que existem Lojas femininas e mistas espalhadas por este mundo afora e exercendo a ritualística com dignidade, beleza e, talvez, mais seriedade do que as masculinas.

A proibição da participação da mulher na Maçonaria não se

deu pelo fato de ser mulher, na sua essência. Data vênia, não me parece seja este o motivo fundamental: a feminilidade não é a razão maior.

A mulher de trezentos anos atrás era um mero objeto de procriação sem expressão ou valor, especialmente se seus rebentos não fossem homens, que seriam úteis na guerra e na política. A mulher não era motivo de adorno do lar. Salvo exceções de uma Maria Antonieta, ou Joana D'Arc, ou Anita Garibaldi, só para exemplificar. As demais, não passavam de verdadeiras palermas.

E até a revolução getulina de 1930, no Brasil, a mulher daqui era proibida de votar. Hoje, a mulher ocupa literalmente todas as funções em todas as atividades sociais e políticas no dia-a-dia, sem merecer a menor restrição ou discriminação. Assim é que temos a mulher, além do encanto e formosura do lar, dividindo rigorosamente com os homens a paternidade e responsabilidade dos filhos, vemo-la também desempenhando, das mais nobres às mais simples funções na sociedade, como policiais, militares, pastoras, deputadas, senadoras, governadoras, primeira-ministra, árbitro de futebol, comandante na Marinha, Aeronáutica ou no Exército, enfim, em todas as atividades que entender possa participar. Só na Maçonaria não pode. Por quê? Porque o landmark número 18 diz que não pode, por uma regulamentação de 300 anos; e aceitamos sem reação modernizante, embora seja uma obediência cega e burra.

Toda lei é dinâmica e, se não fosse, tornar-se-ia ineficaz no espaço e especialmente no tempo. Não há como aceitar tamanha impropriedade. Ainda que as Potências, por iniciativa própria, permitam que a mulher pratique o belo exercício da ritualística maçônica sem que haja a proibição sumária que seria uma intransigência, ou uma impertinência, ou o testemunho de um passado que já se foi e não tem mais nenhum efeito significativo.

São estas as considerações que gostaria que fossem da reflexão de cada Irmão, cuja contribuição poderia ser discutida em alto nível, sem as paixões que são naturalmente típicas em cada um de nós com morada em nossos corações.

∴

Dos Requisitos para Exaltação

Irm∴ Milgar Camargos Loureiro e Cladeni Seridol Pereira
Or∴ Viçosa – MG

Escritores maçônicos, estrangeiros e nacionais, têm enfatizado ser o Grau de Companheiro o mais importante histórica e doutrinariamente. Dentre os brasileiros três serão mencionados:

> *Além de ser o mais científico e o mais realista dos Graus Maçônicos, o ciclo de Companheiro Maçom é verdadeiramente o único de mais antiga tradição... Na Maçonaria Operativa medieval só havia realmente Companheiros, eis que os Mestres, escolhidos entre os Obreiros mais experimentados exerciam apenas a função de direção dos trabalhos... O Grau demonstra desde logo que as verdades humanas são inconsistentes e devem desenvolver-se por meio de dialética* (Varoli Filho, 1976, p. 15).

> *Doutrinariamente, o Grau de Companheiro é o mais legítimo Grau Maçônico por mostrar o Obreiro totalmente formado e aperfeiçoado. Historicamente, é o Grau mais importante da Franco-Maçonaria, pois sempre representou o ápice da escalada profissional nas confrarias de artesãos ligados à arte de construir, as quais floresceram na Idade Média... O Grau de Mestre Maçom*

só surgiu em 1735 – depois da criação em 1717, da Primeira Grande Loja, em Londres – e só seria implantado a partir de 1738. Por isso o Grau de Companheiro foi sempre o sustentáculo profissional e doutrinário dos círculos maçônicos, não se justificando a pouca relevância que alguns Maçons dão a ele, considerando-o simples Grau intermediário... Na realidade, não pode ser considerado um Maçom completo aquele que não conhecer, profundamente, o Grau de Companheiro (Castellani, 1998, p. 15-16).

Este Grau é um Grau científico e é dedicado ao intelecto... Na prática, as Lojas dão pouca ou nenhuma importância ao Grau de Companheiro Maçom, transformando-o num mero interstício entre os Graus de Aprendiz e Mestre Maçom, o que é uma pena... Este Grau insiste no aprendizado através da simbologia, dando ênfase aos sentimentos de Solidariedade e Igualdade, para que se atinja a Fraternidade (Pacheco Jr., 2000, p. 43)

Companheiros possuidores dos conhecimentos da doutrina do Grau, segundo critério e a pedido do Vigilante de sua Coluna, poderão postular a Exaltação, satisfeitos os requisitos previstos em regulamentos do Grande Oriente do Brasil (GOB) e do Grande Oriente do Estado de Minas Gerais (GOEMG-GOB).

Os objetivos dos autores, neste Trabalho, são correlacionar os atuais requisitos para Exaltação com os presumíveis conhecimentos doutrinários do Grau de Companheiro.

Conhecimentos Doutrinários de Companheiro

No Regulamento Geral da Federação (23.1.95), artigo 24 e parágrafos 1 a 5 têm-se:

I – Solicitação do Vigilante de sua Coluna. O Vigilante, ao fazer esta petição, está cônscio de que o Companheiro, candidato à

Exaltação, é possuidor dos conhecimentos da doutrina do Grau. Procede, assim, estribado nos requisitos regulamentares. Presume-se que a forma e a tramitação desta petição estejam prescritas em Regulamento Interno da Loja.

II – Freqüência durante seis meses, pelo menos. Neste interstício, o candidato à Exaltação poderá assistir a diferentes Sessões ordinárias, tanto as de Aprendiz quanto as de Companheiro e as Magnas. Admitindo-se a realização de uma Sessão ordinária mensal do Grau de Companheiro, o postulante à Exaltação terá assistido um máximo de 6 Sessões ordinárias.

III – Freqüentado um mínimo de 50% das reuniões ordinárias. Pelo acima exposto, está implícito que, destas reuniões apenas 25% delas serão do Grau de Companheiro, o que representará, no máximo, 6 do seu Grau. Que o máximo de 6 Sessões do Grau, no período de 6 meses, constitua requisitos para Exaltação demonstrando a pouca relevância que é dada a este Grau, considerando-o mero Grau intermediário.

IV – Assistido o mínimo de 4 Sessões de instrução do Grau. Estas instruções são ministradas formalmente no *TEMPO DE ESTUDOS*, em Sessões do Grau "pelo Ven∴ Mestre ou pelo Orad∴, ou ainda por um Irm∴ previamente designado..." (Ritual 2º Grau – Companheiro, p. 15). Porém, é atribuição do Segundo Vigilante "instruir os Obreiros de sua Coluna, propondo aumento de salário" (Art. 95, item IV do Regulamento Geral da Federação). Configura-se, assim, um antagonismo quanto aos instrutores do Grau nestes dois instrumentos maçônicos. Sendo o RGF o regulador do cumprimento das leis maçônicas, a prioridade de instruir Companheiros caberá ao Vigilante ou a quem ele designar.

Os Vigilantes terão um programa de instruções, aprovado pela administração da Loja, que vise capacitar Companheiros a postularem a Exaltação. LOUREIRO (1997) constatou que 58% dos Maçons do GOEMG-GOB nunca tiveram, através dos Vigilantes, orientação para leitura de livros maçônicos. A complementação destas 4 Sessões de instrução do Grau, através de livros maçônicos, não fez parte do cabedal cultural destes Obreiros. Assim, ao aceitarem estas Sessões de instruções dogmáticas e única fonte de conhecimento doutrinário, refutaram o dever inflexível da "*investigação da verdade*". Também, no Ritual do 2° Grau – Companheiro (p. 35) é recomendado: "Salvo caso de palestra ou conferência previamente programada, o Tempo de EEst∴ não deverá exceder a quinze minutos". O mínimo de 4 Sessões de Instrução representará 1 hora de instrução da doutrina do Grau. Tal fato significa superestimar tanto a capacidade do instrutor em ministrar quanto a do Companheiro em ter um profundo conhecimento do seu Grau. Que o mínimo de 4 Tempos de Estudos, totalizando 1 hora de duração, capacitem o Companheiro candidatar-se à Exaltação, demonstra, mais uma vez, a pouca importância atribuída ao Grau de Companheiro, transformando-o em mero interstício entre os Graus de Aprendiz e de Mestre.

Textos de diferentes Graus do Rito Escocês Antigo e Aceito concitam os Maçons a estudarem a Maçonaria, tais como:

a – "Esta quinta viagem mostra o Aprendiz suficientemente instruído nas práticas manuais; deve durante o quinto e último ano aplicar-se ao estudo teórico" (Ritual do 2° Grau – Companheiro, p. 64).

b – "Meus IIrm∴ como conclusão de nossos ensinamentos, lembrai-vos que contraístes a obrigação de estudar a Maçonaria" (Ritual do 4° Grau, p. 34).

Autores maçônicos também têm dado ênfase ao estudo da Maçonaria, dentre eles:

> *O vosso dever é de estudar, quando possível, a história e os ensinamentos da Maçonaria, cujo objetivo não pode ser indiferente aos Maçons...* (Aslan, 1984, p. 14).

> *Tem obrigação de estudar, aprofundar-se em conhecer a história e os ensinamentos da Maçonaria desde os seus primórdios...* (Camino, 19—, p. 124).

A instrução é tão essencial à Maçonaria que as Lojas são

incitadas a "...dedicar todo empenho à instrução e ao aperfeiçoamento moral e intelectual dos membros do Quadro, realizando Sessões de instrução sobre História, Legislação, Simbologia e Filosofia maçônicas" (Art. 26, item II da Constituição do GOB, 1990). Os Maçons, após receberem aumento de salário, são nivelados quanto ao Grau Maçônico. Porém, jamais será nivelada a capacidade de compreensão e retenção de informações dos Companheiros de diferentes níveis de escolaridade. Então, qual a quantidade de informações a serem oferecidas a estes Companheiros?

Esta qualidade e quantidade de informações foram sugeridas por escritores maçônicos através de bibliografias introdutórias ao estudo direcionado ao Grau de Companheiro. Dentre eles: NEVES (1983) arrolou 11 livros, PACHECO Jr. (1991) 30, SANTIAGO (1993) 8 e GONÇALVES (2000) 19. Das 68 obras citadas, 21 delas foram por mais de um destes autores, resultando 47 diferentes referências, média de 11,8 livros por autor. LOUREIRO (1997) mencionou que, em 1995, 87,3% dos Obreiros do GOEMG-GOB leram, em média, 1,9 livro maçônico por ano e 22,7% não leram nenhum livro maçônico. Numa posição bastante otimista, admitamos que o postulante à Exaltação:

a – com denodo e perseverança, consiga estudar e aprender, bimestralmente, o conteúdo de um livro maçônico;

b – que 2 textos específicos sobre História, sobre Legislação, sobre Simbologia e sobre Filosofia maçônicas constituam leitura indispensável (lendo-se autores diferentes constata-se divergências de opiniões e comparando-as pode-se tirar suas próprias conclusões); e

c – necessitará de 16 meses de estudos, ininterruptos, de textos maçônicos pertinentes ao seu Grau.

Sendo o (s) instrutor (es) diferente (s) de uma Loja para outra, a qualidade e a quantidade de informações dadas ao Companheiro serão desiguais. Assim, ter-se-á Exaltações de Maçons com Graus de informações dissímeis sobre a doutrina do Grau. Também, este aumento de salário gerará populações alopátricas e heterogêneas de

Mestres. Portanto, as administrações das Lojas e do GOEMG-GOB não terão condições de diagnosticar a amplitude aceitável de dissimilaridade destas populações, para que elas possam ser reconhecidas como de Mestres. Mais uma vez, evidencia-se a pouca relevância atribuída a este Grau, considerando-o mero Grau intermediário.

V – Submeter-se a exame relativo à doutrina do Grau. Este exame é realizado em Sessão Ordinária do Grau 2, durante o *Tempo de Estudos*. No Regulamento Geral da Federação não há restrições a Companheiros serem examinadores de seus pares nem normatização quanto:

a – a execução e o tempo de duração deste exame;

b – a natureza das áreas de Filosofia, História, Legislação e Simbologia;

c – a quantidade de examinadores, seus respectivos Graus Maçônicos e suas qualificações.

As Lojas se caracterizam pela heterogeneidade profissional, social e cultural de seus Obreiros; destarte, urge que sejam padronizados, pelo menos no âmbito das Delegacias Regionais, a forma de realização deste exame e os requisitos mínimos dos possíveis examinadores.

"Findo o exame, o Companheiro será convidado a Cobrir o Templo, passando a Loja a funcionar em Sessão de Mestre. O Venerável abrirá a discussão sobre o exame prestado e, encerrada esta, colocará em votação o pedido de Exaltação." Juntamente com o Companheiro postulante cobrirão a Loja os seus pares, dentre eles, os Companheiros examinadores. Assim se estabelece situação *sui generis*, a de Companheiro poder ser examinador de candidato à Exaltação, mas não participar da discussão sobre o exame nem da votação do pedido de Exaltação.

VI – ... "para a Exaltação, o candidato deverá apresentar trabalho escrito" (Art. 26 do Regulamento Geral da Federação). Este regulamento é omisso quanto:

a – a seqüência em que se devam processar esta apresentação e o exame sobre a doutrina do Grau;

b – o local e a época de sua apresentação;

c – sua natureza e qualidade;

d – a quem apresentá-lo;

e – defendê-lo e nele ser aprovado.

No período da Maçonaria Operativa, o Companheiro que pretendesse ao mestrado deveria confeccionar uma *obra-prima,* trabalho que durava semanas ou meses, como prova de sua capacidade profissional. Após aprovação da obra, mediante certificado escrito dos jurados, o Companheiro obtinha o mestrado e o direito de abrir a própria oficina. *Mutatis mutandi,* este ***trabalho por escrito,*** representando a *obra-prima* do Companheiro candidato, deverá basear-se em trabalho de pesquisa original, que represente real contribuição ao conhecimento maçônico do tema, ser defendido perante banca examinadora e nele ser aprovado.

Considerações Finais

Iniciamos nosso Trabalho arrolando renomados escritores maçônicos que ressaltam o insuficiente preparo dado ao Companheiro, candidato à Exaltação, apesar de considerarem o Grau de Companheiro histórica e doutrinariamente o mais importante da Maçonaria, pois nele o Maçom se apresenta supostamente formado e aperfeiçoado.

Supostamente formado e aperfeiçoado, uma vez que o postulante teria sido adequadamente preparado pelo *VIGILANTE* de sua Coluna, que lhe orientou, sugeriu trabalhos, indicou obras maçônicas e o avaliou como apto para a Exaltação.

Certo disto é feito o pedido de Exaltação do Companheiro, amparado pelo artigo 148 da Constituição do Grande Oriente do Brasil, que embasa os artigos 23 e 24 e seus parágrafos, do Regimento Geral da Federação. Analisando estes dispositivos legais maçônicos, verificamos que, mesmo sendo eles cumpridos fielmente nenhum

Companheiro chegará à condição de Mestre Maçom, com os conhecimentos mínimos necessários para o Grau.

Os artigos 23 e 24 do Regimento Geral da Federação e seus parágrafos mostram que o Obreiro assistirá um máximo de 6 Sessões do Grau no semestre, e as instruções são, via de regra, ministradas *no TEMPO DE ESTUDOS*, o qual não deverá ultrapassar 15 minutos, a não ser em casos excepcionais. Assim, o Obreiro terá ao final de 6 meses recebido instruções de UMA HORA E MEIA sobre o Grau. Isto se não faltar o limite de 50% a que tem direito por previsão no próprio Regulamento Geral da Federação, artigos 23 parágrafo 6, e 24 parágrafo 5.

Diz a Constituição do Grande Oriente do Brasil no inciso II, do artigo 26:

São deveres da Loja:

I – Omissis;

II – Dedicar todo empenho à instrução e ao aperfeiçoamento moral e intelectual dos membros do Quadro, realizando Sessões de instrução sobre História, Legislação, Simbologia e Filosofia maçônicas.

A Constituição Federal do Brasil, no mundo profano, quando preceitua o cumprimento de determinado ato, não deixa ao livre-arbítrio de cada cidadão cumprir ou não o preceituado. Uma obrigação não cumprida deixa o cidadão na marginalidade, sujeito às sanções previstas para cada desobediência constitucional. Ora, a Constituição do Grande Oriente do Brasil é o instrumento máximo, em termos de instância maçônica, devendo as suas determinações ser cumpridas correta e fielmente, sob peia de se passar à marginalidade e de sujeitar-se às sanções cabíveis. Assim, não vemos como cumprir o estatuído no artigo 26, sem colidir com os preceitos do artigo 148, ambos da Constituição.

Entendemos como impossível a missão de se ministrar História, Legislação, Simbologia e Filosofia maçônicas exigidas pelo artigo 26, durante o pequeno prazo de Seqüência requerido do Companheiro para que possa ser Exaltado.

A heterogeneidade cultural dos Obreiros não nos dá garantia de que o lapso temporal e o número de 6 Sessões semestrais seriam suficientes para que a maioria dos Irmãos conseguisse reter um volume razoável de informações sobre o ensinamento maçônico, ainda que tivessem as mesmas orientações no período.

Não podemos determinar o tempo razoável nem o número ideal de Sessões para que o Companheiro esteja em condições de atingir o mestrado, exatamente pela maior ou menor capacidade de cada um para reter as informações recebidas.

Numa primeira etapa as Delegacias assumiriam as responsabilidades de estabelecer Programas de Capacitação com a finalidade de proporcionar aos Maçons formação científica e cultural ampla e profunda, desenvolvendo a capacidade de pesquisa e poder criador, nos diferentes ranchos do saber maçônico.

Assim, ao menos no âmbito das Delegacias, diminuir-se-ia as diferenças social e cultural dos Maçons, na medida em que todos passassem pelo mesmo processo de avaliação quanto a História, Legislação, Simbologia e Filosofia maçônicas, como quer a Constituição.

Resolveríamos, também, o problema do artigo 26 do Regimento Geral da Federação, que determina que o candidato apresente trabalho escrito, sem especificar como deverá ser apresentado. Evitaríamos, ainda, o trabalho simplesmente transcrito, copiado de obras maçônicas ou de outros Irmãos, verdadeira "obra-prima" que o candidato não consegue defender, por não ser original.

Queremos deixar claro que não temos nenhuma intenção crítica depreciativa, mas a de colaborar no sentido de que a Ordem cresça e os Irmãos juntamente com ela, nivelando-os pela parte superior e nunca pela inferior.

Ante as ressalvas e as ponderações enfatizadas, quanto à aplicabilidade dos requisitos para Exaltação, os autores apresentam possíveis alternativas para dirimi-las.

Numa primeira etapa, no âmbito das Delegacias Regionais,

será testada a aplicabilidade destas alternativas, expressa na *NORMATIZAÇÃO DE AUMENTO DE SALÁRIOS.*

Numa segunda etapa, as experiências vivenciadas nas Delegacias Regionais converter-se-iam em normas gerais para as Lojas jurisdicionadas ao GOEMG-GOB.

Bibliografia Citada

ASLAN, Nicola. *Instrução para Capítulos (Graus 15 ao 18)*. Rio de Janeiro: Maçônica, 1984. p.14.

CAMINO, Rizzardo da. *Príncipe Rosa Cruz e seus mistérios*. 3.ed. Rio de Janeiro: Aurora, [19—]. p.124-125.

CASTELLANI, José. *Dados históricos do Grau de Companheiro Maçom*. In: ______. CASTELLANI, José; RODRIGUES, Raimundo. **Cartilha do Companheiro.** Londrina: "A TROLHA", 1998. p.15-16. (Biblioteca do Maçom.)

CONSTITUIÇÃO do Grande Oriente do Brasil. Brasília: Grande Oriente do Brasil, 1995. p.12.

GONÇALVES, Ricardo Mário. *Guia de introdução aos estudos maçônicos*. **A Verdade**. São Paulo, v.47, n.416, p.28-29, 2000.

LOUREIRO, Milgar Camargos. *Dos livros maçônicos e dos obreiros de Lojas jurisdicionadas ao Grande Oriente do Estado de Minas Gerais*. Belo Horizonte: Poderosa Assembléia Estadual Legislativa, 1997. p.17.

NEVES, Francisco das Chagas Carvalho. *Literatura do Companheiro*. In: ______. **Manual de planejamento do trabalho maçônico**. Londrina: "A TROLHA", 1989. p.132. (Cadernos de Estudos Maçônicos, 3.)

PACHECO JR., Walter. Bibliografia recomendada. In: ______. **Guia de administração maçônica**. Londrina: "A TROLHA", 1991. p.62-67 (Cadernos de Estudos Maçônicos, 12.)

_____. *Uma visão global dos 33 Graus do R.·. E.·. A.·. A.·.*. São Paulo: Madras, 2000. p.43.

REGULAMENTO Geral da Federação. Brasília: Grande Oriente do Brasil, 1995. p.10-11.

RITUAL Rito Escocês Antigo e Aceito. 2º Grau – Companheiro. Brasília: Grande Oriente do Brasil, 2000. p.34-35.

SANTIAGO, Marcos Henrique de Almeida. *A formação do Maçom na Loja Simbólica*. Londrina: "A TROLHA", 1993. p.123.

VAROLI FILHO, Theobaldo. *Curso de Maçonaria Simbólica. 2º Grau – Companheiro*. São Paulo: A Gazeta Maçônica, 1976. p.15.

Pedreiro-Livre

Irm.·. Paulo Adolpho Teixeira
Or.·. Araras – SP

Os grupos sociais exigem daqueles que buscam pertencê-los algumas características morais, intelectuais, de idade, sexo, culturais, etc., que determinam o perfil de seus associados. A estas particularidades se ajuntam outras mais específicas, principalmente se tais grupamentos têm origens iniciáticas que obriguem o postulante submeter-se às cerimônias peculiares. Somente após o cumprimento destas exigências, a recepção ao candidato poderá ser realizada, conforme o ritual previsto.

Sendo a Maçonaria uma sociedade iniciática, possui também exigências próprias que, obrigatoriamente, devem ser obedecidas. Dentre estas destaca-se a necessidade de seus postulantes serem Livres, sem o que não poderão candidatar-se a pertencê-la. O documento maçônico mais importante, a Constituição dos Franco-Maçons ou Constituição de Anderson, promulgada em 1723, determina em seu Art. III – Das Lojas –

> *... As pessoas admitidas como Membros de uma Loja devem ser homens de bem, leais,* ***nascidos livres****, de idade madura e circunspeta, nem Escravos, nem Mulher, nem Homem sem moralidade ou de conduta escandalosa, mas de boa reputação.*

A observar que a norma constitucional exige que o postulante seja *nascido livre* não *tornado livre* descartando-se, portanto, o escravo liberto.

Necessário se faz compreender de que maneira a característica de nascido livre deve ser entendida como requisito básico e fundamental para o aceite do candidato pela instituição. Para tanto é preciso conhecer como as antigas corporações medievais, fonte e nascedouro da Maçonaria atual, conceituavam o que fosse nascido livre. ***Livre*** significava agir de acordo com a própria vontade, não agir sob compulsão, ser autônomo, independente, tolerante, não submeter-se a orientação de outrem, ser aberto ao exame de todas as idéias e à discussão franca com todos os indivíduos. Se possuidor destas qualidades, sendo livre por nascimento, o candidato apresentava-se como cumpridor da norma vigente, estando apto a ser aceito pela corporação medieval. A análise da norma mostrava de modo claro o que exigia do postulante – nascido livre – porém não explicava o que entendia por nascer livre.

O assunto se revela um pouco mais complexo quando se leva em consideração que a Constituição foi promulgada quando as corporações de Ofício haviam sido substituídas pelas Lojas Especulativas ou de Aceitação que conservaram as regras e "modus operandi" das associações de pedreiros-livres, tais como instrumental de trabalho, utensílios, técnicas construtivas, materiais, regras, termos próprios e, acima de tudo, os segredos da Arte da Construção, agora transmitidos esotericamente, com toda força do simbolismo e ritualismo de que são dotados.

O conceito de *Livre* nas antigas corporações, antes da passagem para as Lojas Especulativas, portanto, antes da promulgação da Constituição dos Franco-Maçons, era conceituado sob diferentes perspectivas que devem ser analisadas.

Os antigos pedreiros – mason – utilizavam-se de determinados tipos de pedras para a execução das construções góticas. Na Inglaterra era comum o uso de um tipo de pedra de consistência menos dura, de corte mais fácil, melhor moldável às técnicas de cantaria, denominada *free stone*; existia também pedra de características diferentes, mais dura, de corte mais difícil, menos moldável às técnicas da cantaria, chamadas de *rough stone*. As pedras mais utilizadas eram as *free stone*, e os artesãos que as usavam eram conhecidos como *free stone mason* – pedreiros da pedra livre. Com o correr dos tempos o apelativo transformou-se em *free mason* – predreiro-livre – identificando não somente os pertencentes às Corporações de Ofício como também os membros das Lojas Especulativas que surgiram a partir do inicio do século XVIII. Daqui se infere que o termo Livre, que denominava os artesãos de ofício, não identificava os *nascidos livres*, sendo ligado menos ao conceito de liberdade que ao do material usado nas construções.

Na antigüidade o termo *Livre* era usado no sentido de *Liberal*, identificando o homem, versado no conhecimento das 7 ciências liberais, agrupados no *Trivium* – Lógica, Retórica, Gramática – e no *Quadrivium* – Aritmética, Música, Astronomia e Geometria. Os homens cultos de então eram versados nessas ciências, sendo considerados liberais no sentido de possuidores do conhecimento das matérias que formavam o estofo cultural dos eruditos. Ao mesmo tempo eram considerados Livres, uma vez que o Conhecimento leva à verdade que liberta o homem, não permitindo que se apegue ao obscurantismo da ignorância, da superstição e do fanatismo. Ao se considerar o homem culto como homem Livre, admite-se que o Conhecimento é a libertação, transformando o homem instruído em Livre, pelo saber e verdade.

Na Idade Média, *ser Livre* estava ligado ao exercício do poder civil, pela participação ou escolha do governo e dos governantes. A condição de Livre estava respaldada no patrimônio possuído pelo homem, quase sempre, representado pela extensão de terra de que era dono. A posse da propriedade determinava o qualificativo de *SENHOR* dado ao proprietário, sendo o latifúndio bem patrimonial de insuperável valor, determinador do poder civil de seu portador e lastro da fortuna e força da família. Na estrutura social da Idade Média o Senhor, homem rico de posses patrimoniais, participante e formador do poder civil, era de fundamental importância. Naturalmente, as corporações então existentes apreciavam contar entre seus participantes com esses homens de posses, possuidores de grandes extensões de terras, Senhores participantes do Poder Civil e livre. Aqui o conceito de Livre também não obedecia ao preceito da regra para aceitação de novos membros.

No século XIV na Inglaterra, Livre era interpretado como *GENTIL*, significando quem agisse e pensasse livremente, tal como hoje se espera dos cidadãos. Àquela época, Gentil queria designar os portadores de qualidades próprias do Senhor: livre, limpo, cortez, tolerante, generoso, confiante em sua integridade e virtudes pessoais. Estas eram as qualidades que identificavam os *GENTIL DE ALMA*. Os bens materiais, os bens de família, ornavam a personalidade dos *GENTIL DE CORPO*. Para as corporações medievais, os Gentil de Alma e de Corpo eram sempre bem-vindos, visto possuírem as virtudes e qualidades exigidas para pertencê-las. Também aqui, o nascido livre é entendido sob outro prisma.

As corporações de Oficio e as Sociedades Iniciáticas consideravam *SER LIVRE*, quesito fundamental para pertencê-las. Várias obras artísticas destacam e realçam essa obrigatoriedade. Na ópera "A Flauta Mágica", Zarastro é interrogado pelos Sacerdotes sobre Tamino ser livre ou não. Em "Os Mestres Cantores de Nuremberg", Pogner pergunta se o candidato Walter nasceu livre. Interroga-se acima de tudo ao postulante se é nascido livre.

A Liberdade é requisito fundamental para o ingresso à Maçonaria, sendo *"conditio sine qua non"*, visto que a admissão exige que o postulante esteja na posse de todas as suas potencialidades, principalmente plena capacidade jurídica. O passo fundamental da cerimônia de recepção do Candidato é o compromisso contratual e moral que assume com a Instituição e com seus membros, o que fará dele partícipe e igual a todos os membros em deveres e direitos. O compromisso contratual é o juramento feito pelo Iniciado ao final da Cerimônia. Para que o compromisso tenha valor, torna-se necessário que o postulante esteja na posse de sua plena capacidade jurídica, o que somente ocorrerá se for ele *nascido livre*, sem nada que possa comprometer ou restringir sua liberdade.

Embora na sociedade atual as características de *nascido livre* já não sejam semelhantes às encontradas na sociedade medieval, ainda assim ser livre continua sendo requisito primordial para admissão. Mesmo que o termo constitucional *nascido livre* não carregue significados multivariados como no tempo medieval, a exigência permanece. O compromisso contratual exigido até hoje na Cerimônia de recepção do Candidato é em tudo semelhante ao das antigas corporações medievais, uma vez que os ideais da Maçonaria mantêm-se os mesmos que os das antigas Corporações de Ofício das quais ela se originou.

∴

Maçonaria, Manter um Sonho e Lutar por ele é mais Difícil que Realizá-lo (Tema para Objetivos e Planejamento em Maçonaria)

Irm∴ Francisco Paulo Trautwein
ARLS "Breno Trautwein"
Or∴ Curitiba – PR

EU, NÓS.

(Muhamed Ali, portador do "mal de Alzheimer", após ser inquirido em uma palestra na universidade de Harvard nos EUA, como seria o menor poema do mundo.)

Um destes dias comuns onde temos os sabores e dissabores da vida, cansado após voltar de uma das visitas que faço a várias Lojas, onde naturalmente fiquei sentado durante três horas (uma delas ouvindo/cochilando boletins), sentado em minha cadeira da sala, sem me aperceber dormi. Sonhei! No mais profundo sono!

Eu estava no ano de 2010, em um banco de praça e observei próximo a um chafariz uma personalidade que irradiava sinceridade, bondade, justiça e humildade, num cruzar de olhos como que *tocou* minha mão em *Sinal* Maçônico. Meio que sem jeito aproximei-me e proferi *palavras* de reconhecimento, as quais fomos prontamente identificados. Apresentei-me e para o meu espanto esta personalidade se identificou como sendo a "ENTIDADE ESPIRITUAL MAÇÔNICA" (uma das mais atuantes em benefício do BEM E DA EVOLUÇÃO nos PLANOS SUPERIORES DE EXISTÊNCIA e a materialização, personificação da SUBLIME ORDEM aqui na terra). Calmamente envolveu-me com uma das histórias mais belas já ouvidas por um MAÇOM.

Dizia que naquele momento conversava simultaneamente com as centenas de milhares de MAÇONS do Brasil.

Meio que descrente nessa "VIAGEM" um tanto que absurda, tentando certificar-me dos fatos aproximei-me e novamente toquei-a, não sentindo nada de material; apenas uma profunda sensação de bem-estar enchendo-me de auto-estima, a revigorar-me o espírito e fortalecer o caráter e a vontade de ver um mundo melhor, tal qual senti por algumas ocasiões em minha vida em diversas situações quando de trabalhos e contatos maçônicos.

Percebendo minha intenção esta "ENTIDADE ESPIRITUAL" mais do que rapidamente disse-me:

MEU IRMÃO EU SOU A MAÇONARIA e vim externar pessoalmente, a cada um dos MAÇONS deste espaço neste mundo (nosso país), minha felicidade à MAÇONARIA DA REGIÃO A QUAL VOCÊS CHAMAM BRASIL. Tenho observado dia a dia uma série de fatos e ações que bem personificam "A BUSCA INSESSANTE DA VERDADE", a verdade de que estamos aqui para SERVIR e EVOLUIR sob todos os aspectos em PROL DO BEM; e nossa sublime ORDEM tem em muito auxiliado neste aspecto.

Gostei de ver os mandatários dos órgãos que congregam Lojas e instituições diversas estarem ouvindo os MAÇONS e se reunindo em CADEIRAS EM CÍRCULO e/ou MESAS-REDONDAS, no mesmo nível, sem plenários, e lugares de honra, sem medalhas nem paramentos, sem vaidades estavam se reunindo COMO IRMÃOS.

Gostei da idéia de ter um colegiado formado por MAÇONS de maior estudo e capacidade de realização em cada segmento (imprensa, literatura, academias e estado) e que o mesmo traçou planos de ação a nível nacional para o BEM DA ORDEM.

Os Maçons desta região e suas agremiações (Lojas) são verdadeiramente livres e, mais, têm metas em nível de região (nacional) disseminada por este colegiado.

O PLANO NACIONAL DA MAÇONARIA, que está à disposição dos Obreiros e agremiações (Lojas) é um sucesso, pois que senão vejamos:

1. A administração dos diversos órgãos maçônicos após uma longa consultoria passou para as mãos de administradores profissionais contratados e com um método de gerenciamento moderno onde não existe desperdício, falta de controle e metas, tornando tudo mais simples e ágil.
2. As questões que envolvem ritualística, simbologia, filosofia e história estão sendo dirimidas por pessoal reconhecidamente estudioso na área e, mais, ousados, realistas e com uma grande capacidade de ROMPER com tradições equivocadas e sem sentido (coisa difícil aí neste plano).
3. Hoje vocês não se premiam mais; RECEBEM PRÊMIOS (como grupo de trabalho nacional, de utilidade pública) de outras empresas de diversas áreas; e que capacidade esta de transformar estes "mimos" em novos recursos para novos projetos sem se identificar pessoalmente, isto é A MINHA MATERIALIZAÇÃO.

Como resultado deste trabalho tenho também observado vocês:

- Indicando não apenas como antigamente pessoas livres, de bons costumes mas também ALTRUÍSTAS E ATUANTES.
- Nas sindicâncias que não passam de 1 mês até tiraram aquela pergunta sobre o estado físico da pessoa (que trabalho, antes tarde do que nunca).
- E as Iniciações, que beleza. Em três ou quatro meses a pessoa

é Iniciada com um Ritual moderno, sem aquelas viagens simbólicas extemporâneas e alucinações de que o Neófito será esquartejado (É VOCÊ DUVIDANDO QUE EU EXISTIA! EU É QUE PENSEI ESTAR NUMA VIAGEM ABSURDA).

- O valor cobrado para Iniciações, Elevações e Exaltações entre outros está de "acordo" com a média salarial da região e com esta estrutura planejada daqui a pouco haverá de se limitar o número de interessados a ingressar e evoluir por ano na nossa Sublime Ordem.
- Há também os Irmãos prestadores de serviço, executando o mesmo com ética e profissionalismo (além de preço de IRMÃO). Neste campo exige-se o extremo bom senso daquele grupo de Irmãos que vende produtos maçônicos devidamente licenciados e padronizados pelo colegiado, descaracterizando aquele antigo comércio com o pagamento de ROYALTIES que revertem para novos projetos sociais e culturais e caracterizando acima de tudo A IRMANDADE E A ÉTICA.
- Os trabalhos em Loja nem se fala: pararam de focalizar a passagem das palavras ao Irmão que está *três metros à frente* para que ele repasse aos que estão no meio do caminho, se vestir de preto (de onde isso?), ler boletins demasiadamente focalizados durante horas entre outras, enfim, esta nova ritualística que apenas tem um MODERADOR para a execução de trabalhos planejados e apresentados das mais diversas e entusiásticas formas (retroprojetor, slides, leituras em grupo e até o tal do data show) distribuídos em um também planejamento (que foi elaborado pelos Obreiros) bianual com objetivos de evolução espiritual, social, e com o tempo de não mais que uma hora como padrão.
- Lojas e Potências com planejamento a curto, médio e longos prazos, tudo interligado, todos sabem e participam de

cursos, encontros, palestras, planos e projetos; ELES NÃO SÃO MAIS ISOLADOS.

– E o plano de comunicação para a comunidade externa, que beleza! Hoje todos sabem a importância do "ESPÍRITO MAÇÔNICO" na sociedade em todos os tempos e só mantemos como característica de uma SOCIEDADE INICIÁTICA *Toques, Sinais e Palavras*.

E este antigo, esquecido e sempre moderno hábito que vocês retomaram de estar sempre mensurando e avaliando as ações para um replanejamento e ajustes para ser moderno e atuante.

Bem meus Irmãos, agora me vou como vocês, CONTENTE E SATISFEITO. Acho até que já falei demais e teria muito mais a agradecer, mas como vocês estão em um mundo em evolução "não quero que ninguém se encha de vento".

Fiquem com o meu UNIVERSAL E HUMILDE abraço (disse-me emocionado) e OBRIGADO. ESTE É O MEU ESPÍRITO, *JUSTO E PERFEITO*.

Acordei algumas horas depois, também emocionado, calmo e sereno. Beijei na face minha esposa e meu filho, guardei meu Avental, troquei-me e voltei a dormir pensativo quando uma última voz me atingiu dizendo:

> *Se vocês acharem que estão sonhando lembrem-se: MANTER UM SONHO E LUTAR POR ELE É MAIS DIFÍCIL QUE REALIZÁ-LO.*

∴

O Último Trabalho

Irm∴ Francisco Paulo Trautwein
ARLS "Breno Trautwein"
Or∴ Curitiba – PR

Passaram-se três livros, muitos artigos e muitas discussões antes de eu felizmente encontrar entre os manuscritos de meu pai e Irmão, na noite posterior ao seu enterro no dia 24/5/2000 (em seu escritório improvisado da Av. Nossa Senhora da Luz, 2.441, na cidade de Curitiba – PR), o Trabalho que para mim é a luz definitiva aos Maçons da Maçonaria brasileira que pretendem dar o primeiro passo rumo a mudanças tão esperadas.

Tenho certeza de que muito maior efeito do que as eternas discussões estéreis sobre história ou ritualística (que tem a sua importância e sua hora e NÃO TODA HORA) a Maçonaria necessita ATUALIZAÇÃO, MODERNIDADE E AÇÃO.

Compartilho com os Irmãos dos quatro cantos deste nosso imenso Brasil:

A Maçonaria como Organização Empresarial (por Breno Trautwein)

O protótipo da organização moderna é a orquestra sinfônica. Cada um de seus 250 músicos é um especialista de alto nível.

Contudo, sozinha a tuba não faz música; só a orquestra pode fazê-la. E esta toca somente porque todos os músicos têm a mesma partitura. Todos eles subordinam suas especialidades a tarefa comum. E todos tocam somente uma peça musical por vez.

PETER DRUCKER

Faça-se a análise da Maçonaria no momento atual. O que ela representa na sociedade? Qual o número de Maçons existentes? Por que se reúnem todas as semanas? E o resultado dessas reuniões? Como ela poderia ser mais efetiva e atuante?

Todas as pessoas, bem como suas associações, têm por finalidade prestar uma tarefa à coletividade.

Dentro deste princípio dizem as constituições e regulamentos maçônicos que, dentre os quais destacamos a última promulgada em dezembro de 1998, possivelmente a mais **"MODERNA"** em sua declaração de princípios traz:

O Grande Oriente de Santa Catarina (GOSC) adota com fundamento na tradição maçônica universal, os seguintes princípios:

1. Jurisdição soberana sobre todas as Lojas da Obediência, exercendo autoridade sobre os Graus Simbólicos nelas existentes.
2. Ninguém será levado à Iniciação, em qualquer Loja jurisdicionada, sem possuir as qualidades de probidade, independência e Bons Costumes.
3. O Maçom tem assegurado plena liberdade de crença, mas deverá abster-se de manifestar preconceitos e de provocar polêmicas de natureza político-partidária ou religiosa.
4. O Grande Oriente de Santa Catarina, para a consecução de seus fins, se organiza como estado simbólico, sem prejuízo de sua devoção à Pátria comum.

Poder-se-ia deixar a critério dos Irmãos as considerações sobre as incoerências destes quatro parágrafos, porém procurar-se-á destacar-se as mais contundentes como:

Exigir dos Maçons "probidade, independência e prática de Bons Costumes". No próprio texto a independência é restrita à prática de Bons Costumes, os quais variam de cultura para cultura, de época para época, modificados pelos novos hábitos adquiridos pelas transformações do pensamento.

Exemplificando: Tem-se a revolução sexual, conseqüente do Freudismo, com suas implicações educacionais, familiares e sociais.

Contrariando esta proposição repete o chavão da liberdade de crença, desde que fique de boca fechada; esquecidos do "penso logo existo", cansados de todas as polêmicas.

Manda a Potência e logo desmanda sobre as Lojas jurisdicionadas.

Também se organiza como estado simbólico, sem prejuízo de sua devoção à Pátria comum, justamente quando na atualidade a noção de estado-nação vem cedendo espaço aos estados-regiões, não só sob o aspecto econômico, mas das inter-relações culturais. Estão aí União Européia, Mercosul, OPEP, OTAN, ONU e tantos outros exemplos malgrado ter a pretensão de ser **"MODERNA"**, e em alguns pontos ela é; contudo, mantém a figura absolutista do Grão-Mestre.

Fala-se em Tradição. Que TRADIÇÃO?

DAS CORPORAÇÕES E CONFRARIAS MADIEVAIS, DA GRANDE LOJA UNIDA DE LONDRES, OU DA LOJA DE YORK COM SUAS IMPLICAÇÕES CATÓLICAS?

É necessário rever os reais e antigos costumes maçônicos (Poema Régio, Manuscritos Cooke e Swain) e não a própria Constituição de Anderson e os 39 princípios régios de John Payne.

Citando Peter Drucker (Sociedade pós-capitalismo) falando sobre o governo ele diz:

> *Portanto, o governo precisa recuperar uma pequena capacidade de desempenho. Ele precisa ser reformulado. Esse é um terreno de negócios, mas a reformulação de uma instituição, quer ela seja uma empresa, um sindicato, uma Universidade, um hospital ou um governo, requer os mesmos três passos:*

1. *Abandono das coisas que não funcionam, das coisas que nunca funcionaram; das coisas que sobreviveram a sua utilidade e a sua capacidade de contribuição.*

2. *Concentração nas coisas que funcionam, que produzem resultados, nas coisas que melhoram a capacidade de desempenho da organização; e*

3. *Análise dos meio-sucessos, dos meio-fracassos. Uma reformulação requer abandono de tudo aquilo que não funciona e a ênfase naquilo que funciona.*

Não será possível ao nível do presente Trabalho analisar com alguma profundidade os itens acima, porém deter-se-á na capacidade de desempenho da organização, seja ela de qualquer tipo; entretanto, torna-se necessário pensar-se na Maçonaria como empresa, a qual é dirigida para **PRESTAR UMA TAREFA À COLETIVIDADE**.

Ter-se uma organização para deleite de alguns é perda de tempo. Ela tem que ter uma tarefa, um objetivo, o qual irá ditar as normas administrativas gerais e específicas.

Em primeiro lugar ter-se-á a organização um grupo humano formado por especialistas, ligados a uma tarefa comum. A função dela é tornar produtivos os conhecimentos, pois eles por si mesmos, hoje, são estéreis; entretanto, quando reunidos e bem gerenciados são produtivos.

Um pré-requisito importante para o bom desempenho de uma organização é que sua tarefa e sua missão sejam bem claras.

Também existe a necessidade de avaliação e julgamento de seu desempenho em relação a objetivos e metas claros, conhecidos e impessoais, para alimentar os projetos em andamento ou futuros.

Uma organização tem de ter suas equipes transdisciplinares; elas, modernamente, não podem ser de “chefes” e “subordinados”, mas é um time em busca da vitória. E precisa ter capacidade para criar o novo, exigindo um processo de aperfeiçoamento de tudo que se faz. Hoje na indústria e nos setores de serviço a cada dois a três anos, eles são transformados verdadeiramente em outros artefatos melhorados. Também cada organização terá de aprender a desenvolver novas aplicações dos seus produtos.

Outro aspecto da sociedade pós-capitalista é a descentralização; e ela precisa operar numa comunidade, pois seus membros e descendentes vivem na sociedade. Porém, a organização não pode submergir na comunidade nem se subordinar a ela. Sua cultura deve transcender a comunidade.

Enquanto isso está acontecendo no mundo globalizado para o futuro, continuam com uma administração centralizada na figura onipotente, onisciente e monárquica absolutista do Grão-Mestre.

Não se tem uma tarefa, um objetivo, uma bandeira definida. É simplesmente *um bando desorganizado obediente* ou desobediente às leis, decretos, atos, vindos de um chefe, às vezes em benefício de uma maioria que se apossou do poder, e julga-se no direito absoluto de fazer o que dita seus cérebros vazios e muitas vezes inúteis.

Infelizmente tem-se uma DESORGANIZAÇÃO MAÇÔNICA ditada pela figura centralizadora do Grão-Mestre que no máximo tem um doutorado específico em **sua área profissional**, e tem a tarefa de **administrar uma caricatura de empresa**, bem como ditar normas ritualísticas, conceitos simbólicos, pesquisa histórica e um pensamento filosófico pinçado das dezenas de doutrinas filosóficas modernas.

Conforme já se escreveu, para o Grão-Mestre ficaria a tarefa cultural e a iniciática da Ordem (ritualismo, simbólica, história e filosofia), enquanto a parte administrativa teria uma gerência de preferência feita por um técnico da área de administração com uma pequena secretaria, tesouraria e planejamento e avaliação. Sobrepondo-se a essa estrutura, um colegiado de 7 membros, no máximo, com a função de fiscalizar, discutir diretrizes, que seria eleito democraticamente pelos Maçons. Poder-se-ia criar regiões eleitorais de acordo com o número de membros do colegiado.

Numa visão global ficaria a pergunta: O que fazer com os órgãos centralizadores atuais: GOB, COMAB, CMSB?

ELIMINÁ-LOS.

Vê-se, facilmente, a imensa tarefa dos Maçons atuais e dos próximos 30 anos. Recriar uma Maçonaria que seja semelhante a uma orquestra sinfônica. Será possível? Eis a questão, diante de tanta vaidade, orgulho, egoísmo, características do homem atual, *"ávido em ter e não em ser"*.

FICA O DESAFIO: MUDAR OU PERECER.

∴

Objetivos da Maçonaria

Irm∴ Antonio Faria
Or∴ Lisboa – Portugal

O primeiro golpe de Malhete desperta a estrutura rítmica do universo, para que participemos em todos os movimentos da vida. Essa é a função dos Malhetes: despertar, equilibrar, dinamizar,

No Ritual de abertura do R∴ E∴ A∴ A∴ a palavra circula entre Oriente e Ocidente para assegurar a harmonia de cada um com Universo representado em Loja. Batemos pela primeira vez à porta do Templo procurando a Luz, essa Luz que guia os nossos trabalhos e para iluminar os caminhos do Maçom no mundo, brilhando fora do alcance de Profanos.

Vivemos habitualmente nesse mundo, entre o visível e a vulgaridade, com o peso das nossas apreensões quanto ao curso da história, dúvidas quanto aos métodos escolhidos e incertezas quanto aos caminhos. Emerge a consciência como percepção premonitória do caos, dos desvios, dos erros. Mas é aí que cada Maçom exerce a cidadania, a intervenção cívica, a participação social ativa na procura de soluções para a dignificação e o bem-estar do homem.

O golpe de Malhete desperta o Obreiro que vem do mundo profano ao sagrado, passa do automatismo à vigilância e da vigilância à consciência, num movimento que tem de estabelecer o perfeito equilíbrio do ritmo cósmico e do ritmo humano.

Perante essa Luz essencial que vai do Delta Luminoso às três Grandes Luzes da Maçonaria, que guia e ilumina, em consciência uma pergunta se ergue tão densa como a pirâmide de granito que emerge da areia do deserto, como símbolo da própria vida: como enfrentar o mundo enquanto Maçons.

O papel do Maçom não é explicar. Não temos dogmas religiosos, políticos nem culturais. O nosso objetivo é a libertação do homem no sentido da sua dimensão cósmica. A Maçonaria é o lugar do Livre Pensamento, onde cada um é livre para escolher o seu próprio itinerário, onde cada um obtém os instrumentos a que a união fraterna na Augusta Ordem lhe dá acesso por via iniciática.

Um dos deveres das Lojas é criar, no âmbito da sua soberania, preceitos expressos ou tácitos que conferem unidade de princípio, de prática e de finalidade, para maior coesão dos seus membros enquanto homens livres (sem ligação a qualquer rasto de subserviência) de Bons Costumes (cujo comportamento os torna capazes de enfrentar qualquer situação adversa no mundo profano).

A personalidade maçônica da Loja resulta do estudo aprofundado dos Símbolos, dos instrumentos e do Ritual, da transmissão desse esforço a Aprendizes e Companheiros numa linguagem comum, acabada e transparente como exigência de um nível elevado das suas obras sob orientação dos Vigilantes.

A personalidade maçônica das Lojas tem de confirmar a inquestionável autoridade do Malhete presidencial do Venerável, da disciplina em Loja, nas justificações de ausência, no rigoroso cumprimento dos trabalhos calendarizados.

A força da Lei Maçônica, o vigor da Tradição, a coesão interna são assegurados com o maior brilho pela vigilância implacável e generosa, crítica e tolerante, fria e calorosa do Irmão Orador.

Os conhecimentos adquiridos resultam do êxito da comunicação numa mesma linguagem, que é a procura da representação da nossa organização interior. Comunicar é uma proposta de relação íntima, um processo de tornar comum um conjunto de significados. Quem aspira à Sabedoria tem necessidade desses instrumentos.

O objetivo é consolidar um conteúdo soberano, é o próprio desejo de construir a egrégora e resulta da aplicação dos preceitos alcançados pelo aprofundamento do Ritual e pela transmissão em Loja por cada um dos seus membros, ligados por uma tradição ínfima compartilhada na preparação, na comunicação e na fruição dos trabalhos.

A Maçonaria está presente na História Universal, mas não é história, visto que existe no presente eterno materializado no Ritual. A sua eficácia procura-se todavia no modo como os seus membros interferem e participam no mundo profano.

Comunicamos no interior, comunicamos no exterior que, no plano simbólico é o interior de nós próprios humildemente desprovidos de metais. O êxito da nossa pesquisa será tanto maior quanto mais eficaz for o manuseamento dos conceitos e das representações quer no mundo interior quer no mundo exterior.

O mundo está em permanente instabilidade gerada pelo desenvolvimento e pelo progresso das transformações humanas, em perpétua ruptura, de acordo com a ordem proclamada e na invocação do G.·. A.·. D.·. U.·..

O ser é o resultado de uma coisa que se cria no seu próprio desenvolvimento. Esse ser define a história. A história começa e termina à porta do Templo, culmina na Iniciação. A In.·. não nos retira do mundo profano. Dá-nos a Luz necessária para compreender o nosso percurso individual e para o assumir de outra maneira. Essa transformação é parte do segredo que nos une. Por isso não devemos recear as transformações. Como lembra Sebastião Magalhães Lima, Grão-Mestre do Grande Oriente Lusitano de 1907 a 1927, se não fossem as ondas revoltas o mar seria uma lagoa miasmática.

Nos últimos séculos membros da Augusta Ordem estiveram à frente da investigação científica, na Arte e na Literatura, na organização social e política, nos EUA, América do Sul, na Europa revolucionária, na África e na Ásia, na Europa dos mercados, na globalização, porque é ela que contém e guarda sob os Malhetes a Luz da tradição cultural ocidental.

A tradição cultural ocidental é a dialética, o dualismo replicado daquilo que clama pela solução que contém em si esses elementos contraditórios.

A função da Augusta Ordem é oferecer e fazer brilhar a Luz que permite lidar de mãos limpas com fatores e atores Profanos. A função de cada Loja é velar pelo justo e perfeito funcionamento, o harmonioso progresso de cada um dos seus membros no seu itinerário pessoal.

Este universo de desejo, de projeto e replicação não nos torna imunes a dificuldades e constrangimentos que nos ferem a alma pelas repercussões que se vêm acentuando e já evidenciadas no Congresso do GOL.

No mundo profano, os Maçons constituem, desde tempos imemoriais, uma elite política. Por aquilo que ignoramos, os exemplos vêm-nos da designada Idade Média, então exercitada por via da disciplina férrea das organizações corporativas transnacionais dos pedreiros-livres, da estrutura das ordens religiosas e militares. Isso não significa recompensas nem honras, vantagens pessoais ou panachê social, mas atesta a consciência cívica dos deveres, o compromisso com a paz e o progresso, com a dignidade dos povos, com a melhoria das condições de vida intelectual e material. Uma elite para ser elite pressupõe uma massa que é dirigida. Quanto maior for a grandeza econômica e cultural da sociedade maior e melhor será o apoio à sua elite. Na alvorada do século XXI nós somos a elite do povo culturalmente mais atrasado da Europa. Os últimos 25 anos fizeram-nos chegar a padrões de atraso social e miséria cultural iguais aos de tempos em que se vivia na clandestinidade sob uma ditadura da qual alguns dos nossos IIrm∴ foram cúmplices, num tempo em que uma parte de nós nem sequer tinha nascido.

Alguns desamparados que bateram à porta do Templo e aqui

viram a Luz, identificam-se com aqueles que manipulam o poder na administração pública, nas empresas privadas de capitais públicos, formas essas susceptíveis de prenunciar a incompreensão dos princípios maçônicos, comportamentos exercitados por meios vexatórios e mesquinhos. A história registra que a violência repressiva do aparelho de Estado, que começa pela instilação da ignorância, arrasta ao crime. A Espanha sofre com isso. Como sofreu o Chile. A França. O Médio Oriente. O Leste da Europa. A América Latina. África. O exercício do poder poético exige o mais empenhado estudo e defesa dos grandes princípios, não tem que significar a imposição administrativa de valores discutíveis e abrir as portas à tirania.

O nosso Irmão Proudhon, sociólogo e socialista francês do século XIX, que despertou em Portugal o pensamento de Oliveira Martins, Antero de Quental, José Fontana, José Luciano de Castro, denunciou o capitalismo que reduzia a nada a consciência individual, que conduzia ao monopólio dos meios de produção e à concorrência destruidora do indivíduo e da sociedade, afirmou que "a propriedade é um roubo". Com a desregulamentação, a flexibilização e a privatização desenfreada, ditadas por conhecimentos teóricos adquiridos fora do contexto, noutras culturas, com a apropriação dos bens públicos por sociedades fantasmáticas, a expressão de Proudhon, "a propriedade é um roubo", parece ter perdido o sentido de apelo à consciência cívica para se tornar como que uma palavra de ordem legalmente assumida.

Portugal é dos países da Europa com maior número percentual de presos sem culpa formada, de presos portadores de doenças incuráveis, de presos prisioneiros da falta de formação e das impossibilidades burocráticas. Os governos, alguns integrados por Irmãos nossos, conseguiram fazer passar a mensagem de que é com a punição e o castigo de presumíveis delinqüentes que eliminam os crimes. Referem-se, por vezes com grande hostilidade, à presunção criminosa da juventude portuguesa descendente ou não de emigrantes africanos ou do povo cigano. A presunção anônima do crime só é vantajosa para qualquer governo sem princípios credíveis nem autoridade moral. Paradoxalmente, o medo dos povos sustém a revolta contra a injustiça social provocada por esses governos e pelos desvios da administração pública, ao passo que instiga a soluções instintivas e violentas como o racismo e falso nacionalismo patente na insegurança de velhos frustrados e insatisfeitos, espoliados dos seus recursos ou depauperados pela velhice, contra a juventude que, como em todos os tempos, quer sentir e fazer sentir a marca do despertar da eternidade, quer viver sofregamente a idade da aprendizagem, do desabrochar de todas as interrogações em face do silêncio fúnebre do futuro. A idade da poesia e do esgotamento febril, da noite e da madrugada, não tem que significar ser criminoso. Somos o país da Europa, durante meio século um lugar de exílio, com mais presos e com soluções pouco claras para o assunto.

Com o auxílio de um jornalismo controlado e por eles incentivado, os governos, independentemente ou não da vontade dos governantes, escondem a realidade da sua fonte de poder, a vontade singular dos cidadãos. A intromissão de indivíduos, formados em circunstâncias mais do que levianas, tem levado à deturpação impune de relações sociais e à instigação da violência, pela falsificação dos dados em situações complexas sejam de consenso sejam de conflito. Desde a guerra civil na Europa Central até a crise em Jerusalém, revoltas dos camponeses e operários na Inglaterra, na França, na Espanha e em Portugal. A manipulação grosseira da opinião, com que se procura legitimar os atos violentos, o uso desenfreado da informação política, provoca a eliminação física de fotógrafos e operadores de imagem no terreno, com o objetivo imediato de suster aquilo que lhes é atribuído ou de que são alvo, no interesse dos magnatas da imprensa e dos governos mais frágeis a eles associados.

Os meios de informação foram criados para despertar os espíritos, excitar a curiosidade, suscitar o desejo de conhecimento. A consciência de si transmitida une, congrega, liberta. Ao longo dos tempos foi esse o campo de trabalho de cientistas, filósofos, políticos, artistas e escritores, cujo espírito circula entre nós eternamente no Templo universal. Todavia, a informação pública tornou-se hostil à liberdade de opinião e à liberdade de pensamento, como, aliás, premonitoriamente, advertiu o nosso Irmão Alexandre Herculano em 1843. Aquilo a que alguns políticos e sociólogos chamam sociedade da informação quer dizer na prática impunidade no uso da tecnologia para manipulação das consciências e da censura, como nos tempos áureos da tirania do púlpito clerical em defesa do obscurantismo, da servidão e da permissividade.

O conteúdo das queixas é mais profundo do que as palavras as conseguem descrever. A perda de dignidade da direção política está patente nas palavras simples, singelas, sinceras de um primeiro-ministro que disse a um grupo de crianças que não tinha lido nem leria nunca determinada obra do escritor português que alcançou o Prêmio Nobel, indicia a apologia da ignorância ou um confronto cultural primário com a geração que desponta sem cultura, sem referências históricas próprias nem afeto ao passado ou ao presente e cujo futuro é o exílio, sobretudo o exílio íntimo, que os perseguirá por sobre toda a terra ao longo das suas vidas se não lutarem contra tamanha agressão.

Alguns Irmãos, cujas qualidades nós reconhecemos e tanto enaltecemos, afastaram-se da Augusta Ordem. Para eles perdeu o sentido assistir à impunidade da viciação pública dos princípios aqui por nós defendidos. Perderam a fé em si próprios ou nos outros, outros que somos nós, outros que são eles também na singularidade de cada um? Apagou-se a Luz que os norteava entre nós? Isso torna mais necessário refletir sobre esse exílio, revelar a nossa convicção, as nossas dificuldades, o nosso esforço, o nosso empenhamento, o nosso trabalho no sentido de consolidar tudo o que possa alicerçar a Luz invisível na nossa atividade no mundo.

O mundo está em perpétua transformação e em permanente ruptura. É à instabilidade do mundo que os Maçons respondem com a ordem cósmica interiorizada porque é na podridão da semente que ressuscita o novo ser, no qual a natureza conserva e perpetua o mesmo material genético.

A existência, o mundo profano é hostil à liberdade, à liberdade de ação, à liberdade de pensamento. A descoberta das transformações biológicas no domínio do desenvolvimento molecular, a organização das componentes dos seres vivos que identificam as espécies, da margem minúscula e decisiva das diferenças contidas no genoma, obriga a uma reflexão permanente sobre a essência do desenvolvimento da própria espécie, o que acentua a devoção e o amor pela Loja, onde a vida se reorganiza.

O talento cria-se na tranqüilidade e o caráter na tormenta do mundo, escreveu o nosso Irm∴ Goethe há dois séculos. Pois seja pelo caráter que se inscreva a energia, a clarividência e a vontade dos Obreiros para defender a Liberdade, Igualdade e Fraternidade no mundo, assegurando que a Luz aqui acesa continue a brilhar.

Existe a função de observar e fazer observar a força e o vigor dos trabalhos, defender e fazer aplicar judiciosamente a Lei Maçônica, assegurar e fazer assegurar com regularidade e justiça o cumprimento do Ritual, numa palavra, o lugar onde cada Loja assegura o saber de si própria, a consciência – *cum scientia.*

Como podemos manter-nos despertos acima das preocupações da vida material? Como obter a harmonia na dualidade física e espiritual que se separa e funde nestes dois mundos? Como é que a Luz primordial, que brilha neste lugar sagrado e nos serve de guia, continuará a brilhar no exterior? Basta que o Malhete se erga com Autoridade, Justeza e Perfeição. Basta que o som dos Malhetes nos desperte em Loja e o seu batimento se repercuta nos nossos corações quando percorremos o vasto domínio do pensamento e da ação em consciência por cada um, no justo equilíbrio do passado e do futuro, durante o percurso da Terra em volta do Sol, itinerário que finda e recomeça infinitamente, para que se cumpra conforme a nossa vontade, desde o dia em que o nosso espírito se abriu à compreensão dos mistérios da Maçonaria e enquanto seguirmos o sopro do vento A∴ G∴ D∴ G∴ A∴ D∴ U∴.

E Nós Justificamos o Arbítrio...

Irm∴ Antonio Carlos Furtado
Or∴ Juiz de Fora – MG

A Nação Brasileira vive momentos em que o patriotismo e o civismo entraram em declínio quase absoluto, relegando os valores que construíram a nacionalidade, ao esquecimento e ao desprezo.

O Brasileiro vem perdendo a auto-estima, de tal modo que é incapaz de reagir ante os escabrosos atos de atentado à moral e à ética, praticados contra o povo, inclusive pelos governantes, que desrespeitam todos os princípios e fundamentos que nortearam e alicerçaram a nossa nacionalidade, desestruturando a vida social da Nação, as relações humanas, cada vez mais deterioradas, levando o homem a caminhar com passos trôpegos, sem saber que rumo tomar.

Infelizmente, mas, de forma inequívoca, os membros da Maçonaria estão sendo, também e, por forma violenta, atacados pelo vírus da omissão, indiferentes diante dos descalabros que acometem a Nação, incapazes de reagir e lutar, a exemplo do que fizeram os vultos maiores da nossa gloriosa História, cujos nomes invocamos a todo instante, mas que nos escusamos de imitar, para manter a grandiosidade do todo que eles fizeram, até com o sacrifício da própria vida, como aconteceu com Tiradentes.

Estamos omissos e acovardados, o que leva à conivência, com as práticas que violentam o Triângulo Sublime da LIBERDADE, IGUALDADE e FRATERNIDADE, negando o ideal maior da nossa instituição que é SERVIR A HUMANIDADE.

Silenciamos diante dos atos criminosos de um Presidente da República que "... *passou a destruir o patrimônio nacional, vendendo, a preços vis, as maiores empresas que foram construídas com sangue, suor e lágrimas do povo. Até as nossas forças armadas não escaparam da destruição maligna do presidente, que, para compensar, está aparelhando-as com sucatas estrangeiras....*

> *É interessante notar que uma das justificativas para a privatização da maioria das empresas governamentais, algumas estratégicas e por tal razão privatizadas de forma criminosa, é a ineficiência administrativa das mesmas, como se para tal ineficiência não concorresse a negativa ação governamental, transformando-as em cabides de empregos para apaniguados e satisfação de interesses políticos....*

O Estado Brasileiro está completamente desestruturado.

> *No campo político:*
> *crise moral e falta de autoridade nos 3 poderes;*
> *Não existência do Legislativo;*
> *Poder Judiciário amordaçado e*
> *acuado. Suas decisões não são cumpridas...*

O peso dos tributos cresce cada dia, onerando mais os mais pobres, através de atos, quase todos arbitrários, como soe acontecer com as chamadas medidas provisórias, que se eternizam, roubando do Poder Legislativo a sua competência constitucional, através de meios nem sempre éticos e morais.

O País está submisso ao Fundo Monetário Internacional, mediante fiscalização direta, feita por seus membros.

Predomina o arbítrio e a omissão...

E, NÓS JUSTIFICAMOS O ARBÍTRIO...

A JUSTIFICAÇÃO DO ARBÍTRIO, pelos duvidosos benefícios que possam advir de tais atos, conduz as instituições e o cidadão a se fazerem indiferentes diante dos excessos ou das omissões do poder.

A JUSTIFICAÇÃO DO ARBÍTRIO adormece a consciência jurídica acabando por submeter-se, o povo e instituições, como se os desmandos, as soluções marginais, os atalhos, se constituíssem na regra aprovada e sancionada pela vontade da Nação.

A JUSTIFICAÇÃO DO ARBÍTRIO violenta as concepções do ético e do moral, e conduz à fuga do dever de agir em consonância com o bem e o justo.

A JUSTIFICATIVA DO ARBÍTRIO faz letra morta daquilo que se convencionou constituir-se em norma de conduta conveniente ao progresso e a harmonia social.

A JUSTIFICAÇÃO DO ARBÍTRIO leva o cidadão a descrer das instituições construídas e aperfeiçoadas através dos tempos e do sacrifício daqueles que acreditaram.

A JUSTIFICAÇÃO DO ARBÍTRIO faz que as instituições se corrompam, se amoldem à conveniência do poder.

A JUSTIFICAÇÃO DO ARBÍTRIO faz que o poder regular, outorgado pela comunidade nacional, se deteriore, perdendo a credibilidade.

A JUSTIFICAÇÃO DO ARBÍTRIO faz o homem duvidar das virtudes, descrer da honra e enveredar-se pelos desvios da marginalidade.

A JUSTIFICATIVA DO ARBÍTRIO assegura a impunidade de tantos quantos se associem ao festim da corrupção, qual hienas famintas.

A JUSTIFICAÇÃO DO ARBÍTRIO degrada, aliena, faz desaparecer a capacidade de agir, pela perda da auto-estima.

A JUSTIFICAÇÃO DO ARBÍTRIO fortalece o arbítrio e solapa a dignidade da Nação.

A JUSTIFICATIVA DO ARBÍTRIO destrói a dignidade do ser humano e o faz rastejar na imundície da imoralidade.

A JUSTIFICAÇÃO DO ARBÍTRIO deturpa os conceitos de valor e destrói os valores que cimentaram a consciência nacional.

A JUSTIFICAÇÃO DO ARBÍTRIO conduz ao desrespeito à soberania nacional.

A JUSTIFICAÇÃO DO ARBÍTRIO faz que se percam na noite negra do esquecimento as mais caras tradições da nacionalidade.

A JUSTIFICAÇÃO DO ARBÍTRIO corrompe os valores culturais.

Quando os PODERES, constituídos, se submetem aos interesses que não são os da Nação, para participar do festim;

quando as LEIS boas são atiradas ao lixo do desrespeito e submetidas às "NORMAS DO ARBÍTRIO;

quando a SENTENÇA DO MAGISTRADO, produto de uma apreciação isenta e honesta, é barrada nos seus efeitos, impedida de cumprir a sublime função de dar a cada um o que é seu;

quando os ACÓRDÃOS DOS TRIBUNAIS são descumpridos, sem qualquer conseqüência para os que os descumpriram;

quando o DIREITO do cidadão, assegurado pela norma vigente, é violentamente desrespeitado pela *"norma arbitrária"*,

DESAPARECE O ESTADO DE DIREITO e, com ele, a DIGNIDADE DO POVO; a ALMA DA NAÇÃO; o PRÓPRIO DIREITO.

E NÓS JUSTIFICAMOS O ARBÍTRIO que, desgraçadamente, impera em nosso País.

E NÓS JUSTIFICAMOS O ARBÍTRIO, silenciando diante da violência contra o ESTADO DE DIREITO.

E nós silenciamos diante da violência contra a nossa soberania.

E NÓS SILENCIAMOS DIANTE DA VIOLÊNCIA...

E NÓS JUSTIFICANOS O ARBÍTRIO...

∴

Diálogo

Palavra de Ordem da Modernidade na Maçonaria

Irm∴ Geraldo Ribeiro da Fonseca
Loja Maçônica "Regeneração Barbacenense"
Or∴ Barbacena – MG

Não adianta fugir do ataque feroz do vírus da modernidade que assusta o conservadorismo dos egocêntricos e destrói, corroendo, o Eu sou..., o Eu faço..., o Eu penso... A vacina terapêutica e o antídoto contra o preconceito, o sectarismo e mesmo a intolerância de certos pedreiros que se dizem livres é a força CONSTRUTORA DO DIÁLOGO. Muitos Maçons deixam escapar-lhes das mãos a Trolha por não saberem manejá-la com suficiente maestria e sofrem com as inovações. Enclausurados na *masmorra* da ignorância, esquecem que na face da terra tudo muda e se adapta segundo as exigências do meio, do ambiente e do lugar.

Se volvermos os olhos para o Egito, certamente nos extasiaremos diante das Pirâmides e uma delas nos convidará a decifrá-la sob ameaça voraz. Ela rompeu o tempo e perdeu com o tempo por manter-se no tempo. Entre quatro paredes, sob o sigilo simbólico do grande segredo, muitos Maçons de hoje se auto-intitulam guardiões das virtudes. Dizendo-se livres-pensadores, pouco produzem e deixam dolentemente que o tempo e o ócio os conduza. Ocasionalmente produzem algo novo a fim de tornar quase eficaz a argamassa que assenta os tijolos do grande Templo denominado SOCIEDADE e por isso se julgam grandes beneméritos com ínfima participação.

O combate sistemático aos preconceitos de toda ordem é uma grande lição conhecida entre os Maçons. Agir com preconceito é colocar-se num patamar que difere e nada pior que querer ser diferente num mundo onde tudo faz diferença. Urge acordar para a modernidade e buscar na parceria o verdadeiro sentido para construir alguma coisa. Tudo pode quando SOMOS, ESTAMOS E FAZEMOS.

Vivemos num mundo atormentado pelas disputas. Vence aquele que se impõe pelo vil metal, ou seja, SE EU TENHO, EU POSSO.

A Maçonaria conceituada para o homem comum, se afigura como entidade secreta voltada para a prática da caridade e apoio mútuo a seus filiados. Combatida, excomungada, profanada e agredida, a entidade rompeu séculos e hoje, no Brasil, agoniza por ignorar que só dialogando com o mundo que a circunda será capaz de mostrar sua real operosidade. Especulativa por excelência, está deixando de participar na edificação da sociedade contemporânea. Longe de manifestar-se publicamente sobre os grandes problemas que afligem a comunidade, discute a cor de Templo, e traje a ser usado, o Ritual a ser modificado e outras libações.

Num mundo fechado e restrito está fechando-se cada vez mais aos olhos de um mundo que se modifica diuturnamente.

Sem assimilar as verdades implícitas nas letras frias e esquecidas dos Rituais, certos cidadãos que se intitulam Maçons, minoria, felizmente, admitem e pregam que corrupção, desmando político, tráfico de drogas, família desagregada, violência de toda ordem e legitimação da omissão são realidades que só devem ser combatidas pelas autoridades competentes. Para estes pseudoconstrutores a

Maçonaria não pode e não deve se envolver em questões dessa natureza..

Esta, infelizmente, é uma verdade que não podemos ignorar. Travestidos de virtuosos, estes Irmãos batem no peito justificando que seus Aventais são imaculados e nossas leis imutáveis. Com estes não adianta dialogar senão estendendo-lhes a TOLERÂNCIA.

Proclamando a trilogia da revolução francesa como estandarte publicitário, os Maçons estão ignorando o cidadão comum que é também seu Irmão e não teve o privilégio de se fazer pedreiro-livre. Pregando a liberdade e combatendo a discriminação, os filhos da viúva denominam Profanos àqueles com quem deveriam dialogar, esclarecer e educar para juntos encontrarem o caminho da "Verdadeira Luz".

Cúmplice da desigualdade social, num mundo carimbado pela atual globalização da miséria com 2,8 bilhões de pessoas sobrevivendo com menos de US$2/dia (Bird 2000) e num Brasil onde 2/3 da população possuem renda per capita, no máximo, de dois salários mínimos ao mês (IBGE-2000), a parcela de contribuição da Maçonaria para melhorar este quadro se resume a festejos, congratulações, troca de Aventais, construção de suntuosos Templos e monumentos de mármore.

Seria a luz maçônica privilégio só dos bons ou também daqueles que aspiram ao conhecimento da bondade? Qual o verdadeiro conceito do Certo e do Errado, do vício e da virtude para o homem que vive no plano terreno? Estariam todos os povos da terra nivelados para juntos discutirem os caminhos da humanidade?

Mensagem de aplicação obrigatória pelo Maçom é o imperativo: *"Acautela-se educando, não prendendo-se a leis drásticas e retrógradas"*.

Limitado no tempo e escravizado no sentido literal dos "landmarks", o Maçom do século XXI está neutralizando a maior arma do progresso dos povos modernos denominada diálogo. Incapaz de se fazer presente como força política atuante, a Maçonaria encontra-se desacreditada, buscando afirmação como entidade meramente caritativa, cantando litanias, repetindo Rituais e afastado-se cada vez mais da construção do grande Templo social, onde todos, e não apenas alguns, devem ser Justos e Perfeitos.

Iniciados na Ordem dos Pedreiros Livres, mestres construtores, exímios manipuladores da Trolha, do Malho e do Cinzel, somos doutrinados sobre a necessidade de propagar as verdades reveladas à razão pelos sentidos, usando a inteligência para assegurar direitos e deveres ao semelhante.

Devemos, pois, matar em cada um de nós o germe da ambição, do fanatismo e da ignorância sendo realmente fraternos.

Mas, afinal, o que está impedindo o diálogo da Maçonaria com o mundo que a rodeia? Afinal, por que tanta omissão?

Entendo que a intolerância, gerada pela vaidade, tem sido a causadora dos grandes impasses envolvendo a Maçonaria brasileira. O grande político e homem de ação Joaquim Gonçalves Ledo desentendeu-se com José Bonifácio que também era idealista e fez do Imperador Pedro I Maçom e autor do hino da Maçonaria. Pedro I abdicou de seu juramento e do nome Guatimozim, fechando e proibindo as Lojas que mais tarde derrubariam o Império.

Vaidade das Vaidades... Tudo Vaidade!

Intolerante e discriminadora no Império, reconhecidamente prepotente na República, a ação dos contrários impôs o divisionismo no seio da Maçonaria brasileira e hoje ela claudica na busca de um ponto de apoio. Aos Ritos cederam as Potências que se fragmentaram com o impacto do progresso. As Potências assimilaram os Supremos Conselhos que se alcandoraram com os superlativos. São tantos no Brasil que só recorrendo às anotações e lições do nosso eminente historiador e maçonólogo Castellani para justificar a razão de suas existências.

Revolucionária, panfletária, carbonária e atuante nos destinos da Europa e da América, a sagrada filosofia alheou-se no cenário das conquistas do mundo moderno e caiu no descrédito popular. Urge que os Maçons se conscientizem que somente através de diálogo esclarecedor será possível eliminar os confrontos de ordem temporal, material e notadamente espiritual para resgatar a credibilidade da Ordem.

Numa demonstração de que nem tudo está perdido vem sendo combatida e soterrada a intolerância desmedida e as divergências sendo esquecidas. Pactos entre as Potências têm sido celebrados e a hipocrisia, aos poucos, cede terreno à luz fulgurante das razões educadoras.

É mister que todas as Lojas e todos os Obreiros da arte real, de Minas e do Brasil, se conscientizem de que a era moderna está exigindo a mão estendida e o abraço fraterno.

Na ficção a máquina pode substituir o homem, porém, cada vez mais, o ser humano deve se impor e participar dos destinos de sua Pátria e da humanidade. Afinal, o homem é um construtor à imagem e semelhança DO GRANDE ARQUITETO DO UNIVERSO.

Orientado para construir um mundo melhor, o Iniciado na Ordem deve dirigir os movimentos da alma em prol do bem comum da humanidade, empregando não apenas as palavras, mas, acima de tudo, a inteligência que cria, que educa, que participa.

Tem-se verificado grande interesse pela pesquisa maçônica e cada vez mais a intelectualidade promove encontros visando ao debate franco e aberto sobre o verdadeiro sentido da instituição.

Nas Academias Maçônicas de Letras as boas idéias são sempre objeto de aplicação visando ao progresso.

A Loja Maçônica "Fraternidade Brazileira", de Juiz de Fora, tem sido procurada para promover encontros e debates sobre o planejamento de atividades a serem executadas por Oficinas recém-fundadas, ou carentes de uma estratégia própria para um funcionamento eficaz. Tudo isto é fruto da entrega mútua para o bem comum.

Ainda que preocupadas com um falso alarme provocado pelo afastamento de Obreiros, as Lojas têm progredido. Os verdadeiros Iniciados não se afastam das Oficinas e estão imbuídos da disciplina, tendo na simbologia da Régua, do Esquadro e do Compasso um norte a guiá-los. Trocando experiências e empregando bem os instrumentos de medir, avaliar e pesar, eles vislumbram o equilíbrio dos iguais.

Pela ação silenciosa, mas participante das grandes e pequenas, novas e centenárias Lojas de São João, é que os dirigentes das Potências Maçônicas de Minas e de vários outros Estados da federação sentaram na távola da tolerância e pactuaram visando ao bem comum da Instituição.

Já não se ouve em Minas a voz destoante das Potências. Fala e é ouvida a MAÇONARIA dos mineiros para os mineiros e pelo Brasil. Ouvem aqueles que entendem e acatam o brado "Que tudo nos una e nada nos separe".

Pela força convincente do bom senso e das negociações de alto nível, as questões materiais e as mágoas do passado, tantas vezes discutidas na Justiça profana, serão resolvidas.

Pela tolerância e pela negociação altruísta, as metas do progresso serão alcançadas e as dívidas resgatadas sem humilhação imposta a quem quer que seja. O mundo moderno requer amor e solidariedade.

Como a justiça é a verdade em ação, não uma faculdade abstrata; o diálogo franco e esclarecedor é atitude ativa e construtora.

Ou mudamos nossa visão de mundo para nos ajustar à modernidade, ou pertenceremos a uma instituição morta que deixará apenas vestígios, tal qual a língua latina que nos legou a citação:

"OMNIA TEMPUS ATTINGIT" (O tempo alcança tudo).

Que o Grande Arquiteto do Universo nos ajude a edificar.

∴

As Colunetas no R∴ E∴ A∴ A∴

Irm∴ Breno Trautwein
Or∴ Curitiba – PR

Três classes de pessoas são infelizes: a que não sabe e não pergunta, a que sabe e não ensina, e a que ensina e não faz.
V. Beda

Lendo o Consultório Maçônico VI, do Irm∴ Castellani, obra pródiga em ensinamentos, encontramos às páginas 148 e 149 as afirmações:

A presença das miniaturas das Colunas Jônica, Dórica e Coríntia, sobre o Altar e sobre as mesas do 1° e 2° Vigilante, respectivamente, é, no Rito Escocês Antigo e Aceito, um simples elemento decorativo.

Mais abaixo:

Podem existir, mas, como as Colunas não são obrigatórias.

As miniaturas de Colunas, todavia, serão fixas, não entrando em qualquer parte da ritualística. Algumas Lojas do Rito Escocês, lamentavelmente, têm copiado uma prática do Rito de Emulação

(York): *"O abaixamento e levantamento alternado das Colunas dos Vigilantes, de acordo com o andamento da Sessão".*

No Consultório Maçônico IV, à página 45:

> *O Rito Escocês Antigo e Aceito é muito bonito não necessitando da enxertia de práticas de outros Ritos, vale a pena preservar a sua pureza original.*

Em sua *"Liturgia e Ritualística do Grau de Aprendiz Maçom"*, de autor acima referido, ele traz à página 35:

> *... só no Rito de York, é que as colunetas dos Vigilantes são movimentadas, tendo, as três, presença obrigatória, enquanto que nos demais Ritos, que, eventualmente, as usarem, elas são fixas.*

É fácil de notar certa permissividade de usar ou não usar as colunetas nos demais Ritos, originando a interrogação: se elas pertencem ou não pertencem ao Rito? Se pertencem, haverá obrigatoriedade de usá-las, logicamente, e se não pertencem não deverão ser usadas nem como enfeites, porquanto Templo Maçônico é um lugar consagrado e não "boudoir".

Entretanto, não poderíamos ficar somente no autor em tela e passamos a pesquisar o assunto.

Na edição de 1977, do *Dicionário Enciclopédia de la Masoneria* de Lorenzo Frau Abrines, encontramos as colunetas colocadas sobre as mesas das luzes no R.·. E.·. A.·. A.·..

André Cassard fala em colunetas metálicas nas mesas dos Vigilantes. Figueiredo, Aslan e Dodel em seus dicionários falam de um modo geral que: a Coluna Jônica corresponde ao Venerável, a Dórica ao 1° Vigilante, e a Coríntia ao 2° Vigilante. Sendo que Aslan dá levantamento e abaixamento das Colunas, porém, sem especificar o Rito.

Também, Oliveira Marques, em seu dicionário escreve:

... no centro, as três Colunas simbólicas ou pilares, dispostas em triângulo retângulo, respectivamente denominadas e alegóricas de Sabedoria, Força e Beleza.

Como nos situar diante de tanta imprecisão de linguagem?

Fomos pesquisar os vários Rituais, tanto os nossos como alguns alienígenas, cujos resultados foram os seguintes:

1° – não preconizam as colunetas os Rituais da Grande Loge de France, México, Peru, Luís Umbert Santos, Ragon, GOB (1834, 1857, 1898, 1912, e outros), GOP (somente de 1988 há referência às Colunas salomônicas ou gregas no Painel atrás do trono), Instruções de um Cavaleiro Rosa-Cruz (1874) ...

2° – Vamos encontrá-la no Ritual da Grande Loja do Estado de São Paulo (1951), no Ritual de 1974, do Grande Oriente de São Paulo por inspiração do Irm∴ Varolli; e também no Manual de Procedimentos Ritualísticos do GOSC, de patente inspiração do Irm∴ Varolli.

No catecismo de Prichard de 1730, encontramos:

P.: – O que sustenta uma Loja?
R.: – Três grandes pilares.
P.: – Como são eles chamados?
R.: – Sabedoria, Força e Beleza.
P.: – Por que são assim chamados?
R.: – Sabedoria – para governar; Força – para sustentar e Beleza – para adornar.

E nada mais. Não fala sobre origens gregas ou etruscas, mas somente na interpretação simbólica.

Diante das pesquisas realizadas torna-se evidente a não existência de colunetas adornando os Templos do R∴ E∴ A∴ A∴. Elas são, ritualisticamente, usadas nas Cerimônias do Rito de Emulação; constituindo numa característica deste Rito.

Procurando uma razão para essa ornamentação indevida para o R∴ E∴ A∴ A∴, há duas hipóteses:

1 – a tão peculiar macaquice (melhor seria "chipanzenice")

comum ao nosso povo de imitar, principalmente, as tolices de outras etnias; e

2 – de um erro de interpretação quanto a origem dos Rituais do R.·. E.·. A.·. A.·., que alguns consideram do Emulação ou York; entretanto, há mesmo na Grã-Bretanha três fontes maçônicas: a inglesa, a irlandesa e a escocesa. As duas últimas que vieram com Carlos II, para a França, criando uma verdadeira febre de Maçonaria entre os franceses, complementada pelas Lojas criadas sob a jurisdição da Grande Loja de Londres.

O gênio criativo do latino multiplicou os Graus, as cerimônias, criando uma verdadeira Babel, havendo as tentativas do Capítulo de Clermont e do Conselho dos Imperadores do Oriente e do Ocidente de colocar um paradeiro naquele caos. Deste último conselho, sai para a América Estevão Morim, e de lá voltou em 1804, o nosso Rito escocês, cuja prática tinha semelhanças, ou mesma identidade com o Francês (Moderno), conforme vemos em Ragon, cavaleiro Rosa-Cruz, Abrines, que trazem as diferenças entre ambos.

Evidencia-se não haver uma justificativa ritualística ou histórica para adoção de colunetas pelo R.·. E.·. A.·. A.·., nem mesmo como enfeite, porquanto o Templo Maçônico é um lugar sagrado, ou pelo menos consagrado, e não, como dissemos no início, um "boudoir" (pequena sala de estar de senhoras), onde predominam os adornos, conforme o gosto das madames.

Em vez de colocarmos ornatos das mais variadas espécies, acho melhor começarmos a suprimir o que já existe em demasia, oriundo das crendices astrológicas e herméticas.

.·.

Por que Vertente a Francesa Sim e a Inglesa Não?

História, Liturgia e Linguagem Simbólica – Talvez o Caminho das Pedras

Irm∴ Oswaldo Ortega
Loja "Delta do Limão 445"
Or∴ São Paulo – SP

Do primeiro encontro desta Loja de Pesquisas "Fraternidade Brazileira", houve por bem a Editora "A TROLHA" elaborar um compêndio selecionando 22 Trabalhos dos que foram apresentados naquela ocasião.

No livro nominado de "Cadernos de Pesquisas Maçônicas Nº 8" foram feitas 57 citações como fonte de consulta a esses Trabalhos.

Dessas fontes, 20 são eminentemente maçônicas, 29 versaram sobre história, filosofia, psicologia, metafísica, etc., tratando-se as restantes de 8 Rituais e Manuais de Normas Maçônicas.

Voltando a nossa atenção somente para os autores citados nesses 20 livros, encontramos os seguintes nomes:

Com uma única referência: João Nery Guimarães, A. Tenório D. Albuquerque, Mackey, Sebastião Dodel dos Santos, Augusto Franklim, Marcos Santiago, Papus, e a Revista "A Verdade".

Com 2 referências: Revista do Supr∴ Conclave do Rito Brasileiro, Ragon, "A TROLHA", Frederico Guilherme Costa, Jules Boucher, Alec Mellor, J. Gervásio B. Figueiredo.

Com 4 citações, o autor Francisco de Assis Carvalho, e a seguir com 6 citações o autor Dr. José Castellani.

O que a diversidade dos números aqui expostos mostraram? Mostraram que, destacadamente, uma grande maioria das fontes citadas revelava inclinação, a nosso ver, para a Vertente Latina, o que poderá nos levar aos mesmos erros da nossa Maçonaria em seus primórdios, por ter sofrido essa influência por mais de *100 longos anos.*

Implica ainda este ensaio, num chamamento de atenção para a mídia, no que se refere a sua imensa responsabilidade dentro da questão.

Se a Imprensa Maçônica merece receber elogios pelos acertos do momento presente, muito mais lhe será outorgado como crítica, por erros, se persistir como antes, no mesmo direcionamento a uma só Vertente.

O resultado exposto mostra que a mídia (sem entrar no mérito do "porquê") pendeu no passado para um dos dois lados, fazendo com que muitas das coisas da Maçonaria de hoje possam, inclusive, não representar a verdadeira face da ortodoxia, conforme a diferente visão que tem da nossa Ordem, a Vertente anglo-saxônica.

Só como exemplo, diríamos para aquele que fizer uma leitura comparada entre Robert Ambelaim e Alec Mellor, em algumas das suas obras poderão ter uma mostragem da verdade acima exposta, mesmo porque, sendo ambos franceses, se constatará um radicalismo em relação às contrárias Vertentes que defendem.

Praticamente a grande maioria dos autores é concorde quanto a origem inglesa na sua passagem dos operativos para os especulativos com a conseqüente fundação da Gr.·. Loja de Londres em 1717, onde são unânimes em historiar o fato, isto em face dos documentos existentes.

Daí por diante, porém, a partir da transposição da prática maçônica da Inglaterra para a França, é que começam a surgir os grandes empecilhos a uma história que possa realmente mostrar o que é certo e o que é errado.

Não existe orientação se os Ritos que levam um nome têm ou não abrangência somente do 4º Grau para cima?

Por exemplo: o Rito do Real Arco iria somente do 4º ao 7º, não sendo aplicado o seu nome nos seus três primeiros Graus simplesmente denominados simbólicos ou Graus azuis.

Idem idem no R.·. E.·. A.·. A.·. 4º ao 33º, no Adonhiramita 4º ao 13º e assim por diante.

Por favor, não façam cara de espanto, pois qual seria o nome do Ritual praticado na Alemanha assim que Schröder tivesse acabado de restaurá-lo bem próximo do inglês? Ao que se saiba não levou o seu nome enquanto vivo ele foi.

O leitor quer a verdade e não o radicalismo, e nesse ponto ressalta a responsabilidade do formador de opinião junto à mídia, onde, autor e editor, agora, se amalgamam para a sua difusão, sabedores que são que a verdade não tem lado.

Se as suas posições estiverem erradas, errado informarão.

Durante um longo período, a Maçonaria brasileira ficou sob a influência da Maçonaria francesa, que exteriorizava (e ainda exterioriza) uma ação política dentro e fora do Templo.

Surgiram aí os movimentos libertadores de Independência e formação do sistema Republicano.

Essa mesma Maçonaria preconizava (e preconiza) a legalidade de existir em suas hostes a aceitação racional, tanto do Deísmo como também do Agnosticismo ao livre-arbítrio de cada um em suas posições filosóficas ou religiosas, independente do Teísmo, chegando mesmo a ter a novel República Brasileira um Ministério praticamente inteirinho de Maçons, todos eles "Positivistas", como se isso pudesse acontecer na legítima Maçonaria Universal.

O Rito Moderno, em 1877, com a abolição do dístico A.·. G.·. D.·. G.·. A.·. D.·. U.·. e a ausência da Bíblia no altar principal, colocou-se absolutamente ao contrário do principal fundamento da Ordem, qual seja a crença no G.·. A.·. D.·. U.·. que é Deus por sua verdade revelada e onde nem o "Princípio Criador" do chamado Supr.·. Conselho é aceito.

Palácios e Templos Maçônicos foram construídos com aberturas rituais dentro dessas decorações que hermetizam uma doutrina, onde para ser verdade tudo tem que antes passar pelo senso.

Chegou-se mesmo a ser exigido que, em face da Constituição do GOB impor a crença em Deus, também na prática do Rito Moderno teria que ser colocada uma Bíblia em um altar justificando a crença, para não ser contrariada a Constituição, independente do que preconizava o Rito Francês. Ora, criava-se aí um Rito Andrógino, pois ele não era nem uma coisa nem outra.

Graças aos historiadores nas suas necessidades de pesquisa para o relato da verdade histórica, e graças também às Academias e às Oficinas de Pesquisas, como esta Loja "Fraternidade Brazileira", ressaltando pioneiramente a Loja de Pesquisas Maçônicas "Brasil" de Londrina, muitas verdades foram restabelecidas e inclusive erros, como o acima mostrado, também foram corrigidos.

Tomou-se um contato maior com a inglesa "Quatuor Coronati" e o seu Quatuor Coronatorum anual, surgindo daí uma nova dimensão da realidade maçônica nos seus principais fundamentos.

Uma nova linhagem de autores foi aparecendo, fazendo frente àqueles que pensavam **que em terra de cegos quem tinha um olho era rei**; e os novos, ávidos da cristalina verdade, trouxeram consigo uma outra visão da Ordem, mas nem assim desapareceram os sofismas criados, sempre ao sabor de particulares interesses.

Por exemplo: Átrio = Vestíbulo, uma sala, uma espécie de câmara de descompressão, existente antes da entrada do Templo.

Nos Dicionários se lê: Vestíbulo, a dependência que vem antes da porta principal de uma construção e, por extensão, tudo o que venha antes, é ou são **vestibulares**, como o vestibular, exame para a Faculdade.

As Colunas do Templo de Salomão analogicamente ao caso presente seriam vestibulares porque vinham "antes" do Templo, cabendo porém muita dúvida quanto à citação de **vestibulares**, no caso das colunas maçônicas, que se situam dentro do Templo.

Criou-se então um sofisma.

O Templo teria o seu início na sua parte interna numa imaginária linha que unisse a colunas no sentido Norte/Sul.

A parte situada entre a porta e as Colunas seria o "átrio" e assim (é aqui que se cria o sofisma) as colunas, mesmo dentro do Templo, viriam antes e por isso também seriam vestibulares.

Theobaldo Varolli foi um dos que assim denominaram as colunas.

Outros autores escreveram em seus livros (e não faz muito tempo), que a Cerimônia de Acendimento de velas e o Ritual de Instalação pertenciam ao Rito Adonhiramita, porque certo trecho da lenda faz menção a Adoniram, e que o compilador deste Rito tinha sido o Barão de Tschoudy ("O Mestre Instalado" de J. Castellani).

Hoje se sabe da anterior existência de acendimento de velas no Rito de Schröder, e sabe-se também que o Ritual de Instalação fazia parte das **Exatas Cerimônias de Emulação Ritual**, imposto talvez por pressão dos "Antigos de York", quando do ato de união, em 1813, e que Louis Guillemain de Saint Victor foi o real codificador das Recordações Preciosas Adonhiramitas.

Alec Mellor informa que o Calendário Hebraico foi adotado tão-somente no Supr∴ Conselho nos "altos Graus".

Na revista "A Verdade", Nº 356-Abril de 1990, é do Irm∴ José Castellani o seguinte trecho:

> *Muitos Calendários foram usados na Maçonaria em função de Ritos e de épocas.*

a) O que inicia o ano no dia 1º de março juntando-se mais 4.000 (próprio do Rito Moderno);

b) o que inicia o ano no dia 21 de março juntando-se 4000 ao ano da E∴ V∴ (Calendário Adonhiramita);

c) o que conta o ano a partir de 21 de março juntando-se 3760 aos da E∴ V∴ (próprio do Rito Escocês).

O terceiro é o que mais se aproxima do ano hebraico.

Hoje esse mesmo autor diz que não existe Calendário Adonhiramita e sim Calendário Equinocial.

Nicola Aslan avocava nos seus relatos históricos o fato de ter o Gr∴ Or∴ do Brasil e Supr∴ Conselho (a Potência era Mista) usado em seus documentos o Calendário Hebraico, cujo ano começava no 1º dia do mês NISAN, que ia de 21 de março a 21 de abril. (Só que este autor também não explicou a mágica do ano seguinte, já que o Ano Hebraico tem 10 dias a menos que o nosso e, portanto, não poderia haver coincidência de datas num novo início de ano.)

Pelos dados compilados através das pesquisas históricas, percebe-se muita desinformação a respeito dos Calendários e sabe-se agora não ser preciso se ter como básico o Hebraico para que se pudesse coligir dados inscritos no Ano Maçônico e daí revertê-lo para a Era Vulgar. A razão dessa desnecessidade é por inviabilidade, já que o Calendário Hebraico é Lunar e móvel em relação ao Solar.

É-lhe acrescentado 3760 anos e não 4000, e que demoraria 19 anos para voltar à uniformidade de um mesmo começo num mesmo dia com o ano solar, o que não acontece com o nome dado ao Calendário do Ano Maçônico da Verdadeira Luz que começa no dia 21 de março, e se pereniza na coincidência desse começo uma vez adicionado e somado 4000 anos ao da E∴ V∴.

Ora, quando se quiser "traduzir" uma data do Ano Maçônico da V∴ L∴ para a Era Vulgar, se torna desnecessária qualquer menção ao Ano Hebraico.

A descoberta mais recente de um erro fantasticamente grande, mas que nós todos estamos fazendo de conta que não sabemos, foi feita recentemente pelo nosso Irm.·. Joaquim da Silva Pires.

Trata-se do Suposto Rito de York que é teimosamente omitido pela grande maioria dos nossos autores nos seus escritos, e também das nossas autoridades, visto que por essa descoberta todas as Constituições, Regulamentos e Rituais que mencionem o nome Rito de York, aqui no Brasil, como se este fosse o Rito Praticado na Inglaterra, incontestavelmente devem ser corrigidos para Cerimônias Exatas da Emulação Ritual.

Na verdade, esse erro provou que os nossos melhores autores, e nós também, por muitos anos "comemos bola" porque não sabíamos e continuamos errando, já agora, mesmo sabendo, eis que viciados com o nome York, não conseguimos dele nos livrar.

A exemplo destas verdades de agora, existem ainda muitas outras para serem mostradas pela visão da Vertente anglo-saxônica.

Há que se aproveitar o florescimento de uma multiplicidade de centros de estudos maçônicos através das nascentes Academias e Lojas de Pesquisas, como esta Loja "Fraternidade Brazileira", a fim de que a verdadeira história da Arte Real seja por todos conhecida na sua realidade mais pura, sem pontos de vista sofismáticos.

A verdade do particular, cabível tão-somente ao particular, não pode ser estendida como verdade geral.

Assim este ensaio não tem o sentido de criticar ninguém, mas oferecer sugestões naquilo que foi visto como válido ao esclarecimento da verdade.

Pode ser um brado de alerta.

Se o fito do trabalho não for conseguido mas tão-somente vislumbrado, ainda assim o autor se dará por bem pago e satisfeito.

Fontes de Consultas

AMBERLAIM, Robert. *A Franco-Maçonaria.*

ASLAN, Nicola. *Grande Dicionário Enciclopédico de Maçonaria Simbólica.*

CADERNOS de Estudos Nº 8 – Coletânea. Londrina: "A TROLHA".

CASTELLANI, José. *O Mestre Instalado*. Traço.

PALLOU, Jean. *A Franco-Maçonaria Simbólica e Iniciática.*

PROBER, Kurt. *História do Supremo Conselho*. **A Verdade**, n.356, p. 37.

MELLOR, Alec. *Dicionário da Franco-Maçonaria*.

∴

Primórdios dos Ritos e da Maçonaria no Brasil

Irm∴ Mario Name
Or∴ Campinas – SP

A história do início da Maçonaria em nosso País já suscitou muita polêmica entre os vários escritores e historiadores maçônicos nacionais.

Escritores maçônicos cultos e respeitados escreveram verdadeiros tratados, por exemplo, sobre a natureza maçônica da Inconfidência Mineira e da Revolução Francesa. Embora existissem Maçons em ambos os movimentos, não significa que a Revolução Francesa tenha sido obra da Maçonaria ou que o alferes tivesse sido Iniciado em seus augustos mistérios.

A literatura maçônica brasileira enfatiza que foi Iniciado na Europa apenas um grupo de estudantes brasileiros que lá se encontravam e que aqui chegaram com ideais nacionalistas de libertação (grupo dos 12 de Coimbra). Dentre eles, os mineiros José Álvares Maciel, Iniciado em Coimbra e Domingos Vidal Barbosa, Iniciado em Montpellier, na França e os fluminenses José Mariano Leal e José Joaquim da Maia, também Iniciados em Montpellier, na França. Não consta que os demais conjurados tenham sido Iniciados em alguma

Loja no Brasil, já que até o final do século XVIII não existia Loja Maçônica regular em nosso País.

Embora alguns historiadores maçônicos ufanistas, como Tenório Albuquerque e outros, afirmem que Tiradentes tenha sido Iniciado em uma Loja na casa do padre Rolim, no Tijuco, a historiografia brasileira não registra qualquer documento que comprove essa afirmativa.

Sabemos, entretanto, que o ex-frade carmelita Arruda Câmara, fundou, em Pernambuco, na divisa com a Paraíba, o famoso **Areópago de Itambé**, em 1796, se é que podemos considerá-lo uma Loja Maçônica, já que o padre João Ribeiro, um dos seus fundadores, após a fundação do Areópago, foi Iniciado em Portugal.

No ano seguinte, a 14 de julho de 1797, uma fragata francesa de nome La Preneuse, aportou na Praia da Barra, em Salvador, e seu comandante, Mr. Larcher, teria fundado, a bordo juntamente com um grupo de brasileiros, a Loja **"Cavaleiros da Luz"**. Atualmente existe muita controvérsia quanto a veracidade da fundação dessa Loja. Alguns historiadores informam que o comandante Larcher nunca esteve no Brasil, outros dizem que ele desembarcou de um navio chamado "Boa Viagem", em novembro de 1796, e teria retornado à sua terra em janeiro do ano seguinte. Dessa forma seria impossível sua presença nos portos da Bahia em julho de 1797, para fundar a referida Loja.

Portanto, tanto o Areópago (1796) como a Loja da fragata (1797), são posteriores à Inconfidência Mineira (1789) e à própria execução de Tiradentes, que foi em 1792.

Maçonaria Regular no Brasil

A Maçonaria Regular no Brasil data do início do século seguinte.

Os **Anais Maçônicos Fluminenses** registram a primeira Loja fundada no Brasil, na cidade do Rio de Janeiro, no ano de 1800, com o nome de **"União"**. Esta Loja teve tamanha receptividade, congregando Maçons Iniciados na Europa e no Brasil, reunindo Maçons dispersos, que, ao ano seguinte, foi-lhe modificado o nome para **"Reunião"**. Essa Loja trabalhou desde o início no Rito Adonhiramita e recebeu **Carta Constitutiva do Círculo do Oriente da Ilha de França**, através de Mr. Laurent, também comandante de uma Corveta de Guerra de nome Hydrée, que aportara no Rio de Janeiro em 1801, com destino à Ilha de Bourbon.

Posteriormente foram fundadas as Lojas **"Virtude e Razão"**, na Bahia, em 1802, **"Constância"** e **"Filantropia"**, ambas no Rio de Janeiro, em 1804.

Estas foram – sem dúvida – as primeiras Lojas regulares do Brasil.

Outras Lojas foram surgindo nas Províncias da Bahia e Pernambuco, umas jurisdicionadas ao Grande Oriente Lusitano, outras ao Grande Oriente da França e outras sem nenhuma jurisdição estrangeira, mas todas trabalhando numa primeira fase no Rito Adonhiramita, inclusive a importante Loja **"Comércio e Artes"**, fundada em 26.6.1815, na cidade do Rio de Janeiro. Essa Loja, que vinha trabalhando de maneira independente (Maçom livre em Loja livre), não se filiara a qualquer Potência Internacional porque já tinha em mente a fundação de uma Obediência brasileira.

Em 1822, era tão grande o número de Irmãos que compunham seu quadro de Obreiros e, tendo chegado o momento político propício, dividiu-se em 3 Lojas metropolitanas:

- **"Comércio e Artes"**
- **"União e Tranqüilidade"**
- **"Esperança de Niterói"**

A Loja **"Comércio e Artes"** manteve-se no Rito Adonhiramita, as demais adotaram o Rito Moderno ou Francês. Essas três Lojas serviram de base para a fundação do **Grande Oriente Brasílico** ou **Grande Oriente do Brasil**, em 17 de junho de 1822.

Fundado o Grande Oriente do Brasil, outras Lojas foram sendo fundadas nas Províncias da Bahia, Pernambuco e Rio de Janeiro, todas elas trabalhando numa primeira etapa nos Ritos Adonhiramita e Moderno.

Com o fechamento do Grande Oriente do Brasil pelo Imperador em outubro daquele mesmo ano, a Maçonaria brasileira passaria 9 longos anos adormecida, embora numa fase mais próxima da abdicação de D. Pedro, algumas Lojas já estivessem funcionando regularmente.

Em 1830, um ano antes da abdicação de D. Pedro, foi fundada uma outra Potência Maçônica Nacional, com o nome de **Grande Oriente Brasileiro** ou **Grande Oriente do Passeio**, Instalado oficialmente em **24.6.1831**, por três Lojas também metropolitanas:

- **"Vigilância da Pátria"**
- **"União"**
- **"7 de Abril"**

Todas trabalhando no Rito Moderno ou Francês.

O Rito Moderno, pela simplicidade dos seus procedimentos ritualísticos, e por ser ainda um Rito abertamente teísta, ganhou corpo nesta fase, sendo adotado pela maioria das Lojas do final do século passado e início deste.

Reinstalado o Grande Oriente do Brasil, em **23.11.1831**, José Bonifácio assume a presidência dos trabalhos novamente e propõe a adoção do Rito Moderno, como Rito oficial do GOB, tradição que se mantém até os dias atuais.

Consta ainda que a Loja "Comércio e Artes", ao retornar às suas atividades com a reinstalação do GOB, passou, também, a adotar o Rito Moderno, tradição também que se mantém até hoje.

R∴ E∴ A∴ A∴

Essa hegemonia do Rito Moderno estava fadada a desaparecer com a introdução do Rito Escocês Antigo e Aceito em nosso País.

Dois anos antes da reinstalação do GOB, Joaquim Gonçalves Ledo fundou, em 1829, a Loja **"Educação e Moral"**, na cidade do Rio de Janeiro. Consta que essa Loja foi Instalada no R∴ E∴ A∴ A∴

pelo Tenente General João Paulo dos Santos Barreto, que tinha Carta Patente para fundar até Consistórios no território nacional.

Essa Loja, que funcionava de maneira Independente, filiou-se, numa primeira etapa, ao Grande Oriente do Passeio, mas, em fins de 1831, já estava filiada ao Grande Oriente do Brasil, sendo considerada, portanto, o germe inicial do R.·. E.·. A.·. A.·. em nosso País.

Deportado do Brasil em 1823, **Francisco Gomes Brandão**, que, durante as lutas pela Independência adotou o nome **Francisco Gê Acayaba de Montezuma**, retornou ao Brasil pouco tempo depois da abdicação de D. Pedro, em meados de 1831.

Provavelmente Iniciado na França, Montezuma passara algum tempo em Bruxelas, onde conseguiu, do Supremo Conselho dos Países Baixos (depois Bélgica), uma Carta Patente que o autorizava a fundar um Supremo Conselho do R.·. E.·. A.·. A.·. para o Império do Brasil. Esse fato histórico aconteceu em 12.11.1832 e a Oficina tomou o nome de **Supremo Conselho do Grau 33 do Brasil.**

Montezuma morreu em 1870, após mais de 50 anos de trabalhos prestados ao Brasil e à Maçonaria brasileira.

Finalmente, a Loja "Educação e Moral", de Joaquim Gonçalves Ledo, seria considerada o pólo inicial de uma gigantesca constelação de outras Lojas que adotariam e consagrariam o Rito Escocês Antigo e Aceito no Brasil, tornando-o amplamente majoritário dentre os demais Ritos conhecidos e praticados pela Maçonaria brasileira.

Rito de York

Com relação ao **Rito de York**, também chamado **Rito de Emulação**, embora seja um Rito importante e introduzido no Brasil há mais de cem anos e seja considerado o Rito mais praticado pela Maçonaria universal, em nosso País, entretanto, é considerado um Rito minoritário e pouco difundido.

A primeira Loja desse Rito fundada no Brasil data de 17 de fevereiro de 1833, na cidade do Rio de Janeiro, com o nome de

"Orphan Lodge". Esta Loja foi fundada por sete Maçons ingleses liderados por Joseph Ewbank, Iniciado em Londres e que pertencia ao Quadro da Loja "Comércio e Artes", em 1822, por ocasião da fundação do Grande Oriente do Brasil.

O título distintivo de "Loja Órfã", foi dado pelo fato de ser a única Loja desse Rito na América do Sul abaixo da linha do equador. Consta, também, que essa Loja só recebeu o reconhecimento da Grande Loja Inglesa em 1837, quatro anos após sua fundação, recebendo patente de nº 616.

A segunda Loja desse Rito, fundada também no Rio de Janeiro, em 21 de setembro de 1839, chamava-se **"John's Lodge"**. Como a primeira, recebeu patente da Grande Loja Inglesa de nº 703, somente em 1842.

A terceira Loja foi criada na cidade de Recife, com o nome de **"Southern Cross Lodge"**, Instalada em 15 de junho de 1856, sob o nº 970 e sob a liderança de Henry Cowper, cônsul da Inglaterra na cidade de Recife e por Maçons de origem inglesa que pertenciam à Loja "Seis de Março de 1817", título alusivo à Revolução Pernambucana que acontecera naquele ano.

Nenhuma dessas três Lojas esteve jurisdicionada ao Grande Oriente do Brasil naquela época e todas abateram colunas em pouco tempo. A primeira Abateu Colunas em 1844, a segunda em 1862 e a terceira, por ocasião da Questão Religiosa, no Brasil, em 1873.

Depois disso as Lojas do Rito começaram a aparecer no GOB a partir de 1874. Até esse ano, o GOB só praticava os Ritos Adonhiramita, Moderno ou Francês e o Rito Escocês.

Antes de falar das primeiras Lojas do Rito no GOB, respeitando cronologicamente a evolução do Rito em nosso País, a primeira Loja desse Rito foi fundada no Grande Oriente dos Beneditinos de Saldanha Marinho, na cidade do Rio de Janeiro, em 30 de novembro de 1872, com o nome de **"Vesper Lodge"**. Esta Loja adormeceu no ano seguinte, foi reerguida em 1874, mudou de Rito e, em 1879, se fundiu com a Loja "Mistério", também do Rio de Janeiro.

A primeira Loja de York no GOB foi fundada na Província de São Paulo, na cidade de Santa Bárbara, a 19 de novembro de 1874, recebendo o nº 309 do Registro Geral do GOB e chamava-se **"Washington Lodge"**. Esta Loja não foi fundada por ingleses, mas, por americanos que fugiram da Guerra Civil Americana e fundaram as cidades de Americana e Santa Bárbara D'Oeste, na região de Campinas.

A "Washington Lodge", na realidade, foi fundada no Grande Oriente dos Beneditinos de Saldanha Marinho. Posteriormente, este Grande Oriente seria absorvido pelo Grande Oriente Unido, que, por sua vez, seria absorvido pelo Grande Oriente do Brasil, em 1883.

Apesar de não ter nascido no GOB, foi considerada pelo Grande Capítulo do Rito de York como a Loja nº 1 desse Rito no Brasil. Esta Loja abateu colunas no final daquele século.

A segunda Loja do Rito foi fundada em Santa Cruz do Sul, na Província do Rio Grande do Sul, em 22 de março de 1880, com o nome de **"Lessing Lodge"**, e recebeu Carta Constitutiva do GOB de nº 395. Essa Loja também foi fundada no Grande Oriente de Saldanha Marinho e incorporada ao GOB a 18 de janeiro de 1883 e abateu colunas nos primeiros anos do início deste século.

A primeira Loja de York, do GOB, no Poder Central (Rio de Janeiro), foi a **"Eureka Lodge"**, nº 440, em 22 de dezembro de 1891.

Posteriormente, foram fundadas outras pelo Brasil afora. Citaremos apenas algumas consideradas mais importantes:

- "Duke of Clarence", nº 443, em Salvador (BA), a 10 de outubro de 1892. Esta Loja foi transferida para o Rio de Janeiro em 1963, provavelmente por falta de membros da colônia inglesa na Bahia;
- "Morro Velho Lodge", nº 648, fundada em 20 de março de 1899, em Nova Lima, no Estado de Minas Gerais;
- "Lodge of Unity", nº 1792, fundada em 20 de setembro de 1902, em São Paulo – SP;
- "Eduardo VII Lodge", nº 903, fundada em 10 de novembro de

1911, em Belém do Pará. Esta Loja foi fundada por Octaviano Bastos para completar 7 Lojas do Rito a fim de ser fundado o **Grande Capítulo do Rito de York no Brasil** em 1 de dezembro de 1913;

- Obedecendo ainda a evolução cronológica do Rito no Brasil, a Loja "Branca Dias", fundada na Paraíba, em 10 de janeiro de 1918, tentou adotar o Rito Brasileiro logo após sua fundação; não conseguiu por falta de infra-estrutura do Rito no GOB à época. Depois solicitou regularização no Rito de York, que também não se consolidaria e, em 15 de abril de 1918, recebera Carta Constitutiva de nº 942, para trabalhar no Rito Adonhiramita. Em agosto de 1927, esta Loja seria dissidente do GOB, para fundar a Grande Loja da Paraíba, quando, então, adotou o Rito Escocês;
- Loja "Brasil" fundada em 26 de dezembro de 1918, no Rio de Janeiro, regularizada em 4 de março de 1920; depois de ficar um ano paralisada, teve sua Carta Constitutiva cassada pelo Grande Capítulo. Esta Loja posteriormente adotaria o Rito Adonhiramita, sofreria intervenção do GOB e, em 24 de setembro de 1941, seria uma das primeiras Lojas a adotar o Rito Brasileiro naquela época.
- "Campos Salles Lodge", nº 966, fundada em 12 de fevereiro de 1921, na cidade de São Paulo (SP). Esta Loja teve uma peculiaridade pouco comum; em virtude da dissidência do Grande Oriente do Estado de São Paulo em 1921, ela adotaria 5 Ritos em praticamente 2 anos:

  1921 – Rito Francês ou Moderno – (GOB)
  1921 – Rito Brasileiro (G. O. Independente)
  1922 – Ritual da Maçonaria Azul (G. O. Independente)
  1922 – R.·. E.·. A.·. A.·. (GOB)
  1923 – Rito de York (GOB)

Em 6 de maio de 1935, foi assinado o Tratado de Aliança Fraternal entre o Grande Oriente do Brasil e a Grande Loja Unida da Inglaterra, quando, então, desapareceu o Grande Capítulo do Rito de York no Brasil e foi criada a **Grande Loja Distrital do Rito de York**, sob a jurisdição direta da **United Grand Lodge of England**. A partir desse momento todas as Lojas do Rito de York, jurisdicionadas ao Grande Oriente do Brasil, ficariam diretamente subordinadas a essa Grande Loja Distrital até a presente data.

Isso não impediu, entretanto, que surgissem Lojas do Rito nas Grandes Lojas estaduais brasileiras e nos Grandes Orientes Independentes do Brasil, embora tais Lojas não contem com o reconhecimento da Grande Loja Unida da Inglaterra.

Finalmente, todas essas Lojas fundadas e instaladas no território nacional desde o segundo quartel do século passado até a metade do século XX desapareceram, mudaram de Rito ou abateram suas colunas.

As primeiras Lojas desse Rito foram fundadas por Maçons ingleses que viviam no Brasil por um determinado período de tempo e depois retornavam ao seu país de origem. Estas Lojas funcionaram praticamente sem nenhum apoio ou interesse do Maçom brasileiro e/ou do Grande Oriente do Brasil. À medida que esses Maçons ingleses iam retornando à sua pátria ou sendo transferidos a outras regiões do País, suas Lojas iam enfraquecendo e acabavam por abater suas colunas.

Atualmente no Brasil existem apenas 34 Lojas que trabalham no Rito de York, jurisdicionadas ao Grande Oriente do Brasil, sendo a mais antiga a Loja "16 de Abril", fundada em 21 de outubro de 1954 e localizada na cidade de Espírito Santo do Pinhal, no Estado de São Paulo. No cômputo geral, são aproximadamente 80 Lojas que adotam esse Rito, distribuídas entre o Grande Oriente do Brasil e as demais Obediências nacionais.

Rito de Schröder

Friedrich Ludwig Schröder, ou **Frederico Luiz Schröder** (pronuncia-se chrôder), ator e escritor dramático, Maçom, nascido em

Schwerin, na Alemanha, em 3 de novembro de 1744, morreu perto de Hamburgo, em 3 de setembro de 1816.

Schröder começou sua vida como ator em Viena, sendo considerado um dos maiores atores de sua época. Foi Iniciado em 1774, na Loja "Emanuel Zur Maimblume", na cidade de Hamburgo, com 29 anos de idade. Depois de ter sido eleito Mestre de sua Loja, Schröder dedicou-se à reforma completa do sistema maçônico vigente e, a exemplo da Maçonaria inglesa, também resolveu acabar com a neurose coletiva dos Altos Graus (Graus cavalheirescos) da Maçonaria do século XVIII e fundou um Rito baseado apenas nos três Graus Simbólicos.

O Rito de Schröder, como é denominado, é também centenário no Brasil, embora minoritário e pouco difundido, já que na atualidade não passa de duas dezenas de Lojas atuando, a maioria sob a jurisdição do GOB.

Considerando, portanto, que nossa abordagem pretende atingir apenas os primórdios dos Ritos e da Maçonaria em nosso País, descreveremos as primeiras Lojas que surgiram e algumas que continuam, ainda, em plena atividade.

A primeira Loja desse Rito foi fundada na cidade de Joinville (SC), em 29 de dezembro de 1855, com o nome de **"Zur Deutschen Freudschaft"** ("Amizade Alemã"). Esta Loja foi fundada por três emigrantes alemães: F. A. Fellechner, Teodor Paul Gaspar e J. F. Reiss. Não consta a qual Obediência esteve jurisdicionada. Sabemos, entretanto, que ao se extinguir, fundiu-se com a Loja **"Zun Suedlichen Kleus"**, que descreveremos a seguir.

"Zun Suedlichen Kleus" ("Ao Cruzeiro do Sul"), fundada em 6 de maio de 1856, também na cidade de Joinville (SC). Esta Loja foi fundada por uma dissidência surgida na "Amizade Alemã", entre os Irmãos Franz Albert Fellechner, um dos fundadores daquela Loja e o Irmão Ottokar Doerffel, então Cônsul de Hamburgo. Com o falecimento de Fellechner em dezembro daquele mesmo ano, automaticamente desapareceram as divergências, fundindo-se as duas Lojas em 18 de maio de 1859, formando uma terceira de nome **"Deutche**

Freundschaft Zun Suedlichen Kreuz" ("Amizade Alemã ao Cruzeiro do Sul") que, por sua vez, mudou posteriormente seu nome para "Amizade ao Cruzeiro do Sul".

"Zur Friendens Palme" ("A Palmeira da Paz"), fundada em Blumenau (SC), provavelmente em 1870, por Herman Blumenau, embora haja dúvidas também se o Dr. Blumenau fundou realmente essa Loja, já que poucos dias antes da fundação ele partiu definitivamente para a Alemanha. O Dr. Blumenau faleceu na Alemanha em 31 de outubro de 1890, e consta que a Loja foi extinta antes de 1900. Esta Loja estava jurisdicionada à Grande Loja de Hamburgo.

"Zur Eintracht" ("Concórdia") – Fundada originalmente no Grande Oriente Unido de Saldanha Marinho, por Karl von Koseritz, em outubro de 1875, na cidade de Porto Alegre (RS), tendo recebido Carta Constitutiva no mesmo mês e regularizada em novembro do mesmo ano.

Esta Loja veio para o GOB na unificação de 18 de janeiro de 1883, quando recebeu Cadastro de nº 341 e abateu suas Colunas em meados de 1887. Em 29 de novembro de 1894, 12 Obreiros reergueram a Loja no Grande Oriente do Rio Grande do Sul, tendo recebido nova Carta Constitutiva em 14 de dezembro de 1894.

Entre 1906 e 1912, trabalhou sob a jurisdição da Grande Loja de Hamburgo, mas, em 30 de setembro de 1912, voltou para o GOB, tendo abatidas suas colunas novamente entre 1914/1915, logo no início da Primeira Guerra Mundial.

Em 29 de setembro de 1933, 10 Maçons resolveram novamente reerguer suas colunas, mas a Loja adormeceu novamente em 1937, em face da ditadura Vargas. Em 1963 pretendeu regularizar-se com o mesmo nome de **"Zur Entracht"**, mas o então Grão-Mestre Álvaro Palmeira discordou, tendo a Loja adotado o nome de **"Harmonia VI"**.

"Zur Eintracht" ("Concórdia") – Homônima à do Rio Grande do Sul, a segunda Loja "Zur Entracht" foi fundada no Rio de Janeiro, em 22 de março de 1897, na jurisdição do GOB, tendo recebido Carta Constitutiva de nº 551 em abril do mesmo ano.

Esta Loja abateu colunas em 1908, sendo reerguida em julho de 1922. Em 1934 houve uma dissidência muito grande em seu Quadro, pois um dos seus membros, o pastor Kohl, voltou da Alemanha muito entusiasmado com o nazismo, o que desagradou alguns alemães de origem judaica que resolveram fundar a Loja "Humanitas" nº 22, sob a jurisdição da Grande Loja da Guanabara.

Em 1937, a Loja "Zur Eintracht" resolveu paralisar suas atividades em virtude do hitlerismo e do Estado Novo de Getúlio Vargas vigente na época. A Loja foi extinta definitivamente em 1938.

"Zur Treue Und Redlichkeit" ("Fidelidade e Sinceridade") – Fundada em 1899, na cidade de Teutônia (RS); atualmente a cidade se chama Candelária. Naquele mesmo ano, o Grande Oriente do Rio Grande do Sul designou uma Comissão Regularizadora para esta Loja, composta de 3 membros do Quadro da "Zur Eintracht", de Porto Alegre. Eram os Irmãos: Theodoro Reinecken, Henrich Schuler e o professor Augusto Geisel. Este último nascido em 6 de abril de 1867, residente em Teutônia, solteiro à época, tinha sido Iniciado na "Zur Eintracht", em 1 de março de 1898. O professor Augusto Geisel era pai do ex-presidente Ernesto Geisel.

Esta Loja foi extinta em outubro de 1902.

"Zu Den Drei Palmen" ("As Três Palmeiras") – Fundada em 16 de fevereiro de 1899, na cidade de Porto Alegre (RS), sob a jurisdição do GOB, Cadastro nº 644, foi extinta com certeza após o ano de 1909, já que existem documentos que provam que a Loja ainda estava ativa até 20 de abril de 1909. Seu Venerável fundador foi o Irmão Cypriano Bernhardt. A Loja trabalhava no idioma alemão e, na fase final, parece que trabalhava a "descoberto". Posteriormente a Loja desapareceu, provavelmente tenha se fundido com a Loja "Zur Eintracht".

Rito Brasileiro

Mais de 50 anos haviam se passado desde que se fundara a

primeira Obediência Maçônica no território nacional, quando um grupo de Maçons pernambucanos resolveu fundar um Rito essencialmente nosso e que traduzisse os anseios e as aspirações do Maçom brasileiro.

Aliás, não seria nenhuma novidade já que no âmbito internacional, já existiam:

Um Rito Inglês ou de York

Um Rito Francês ou Moderno

Um Rito Alemão ou de Schröder

Um Rito Escocês, Sueco, Mexicano, etc.

Por que não um Rito Brasileiro?

Iniciativa nobre, patriótica e educativa do povo maçônico brasileiro, que já exigia sua autodeterminação no campo da ritualística, da mesma maneira que o fizera meio século antes quando fundaram o GOB, libertando-se das Obediências estrangeiras (francesa e lusitana) às quais estiveram jurisdicionados durante tanto tempo.

História

A história se inicia em Portugal, em 1874, quando um Cavaleiro Rosa-Cruz de nome Miguel Antonio Dias lançou um livro de nome *"Instrução Completa do Franco-Maçom"*, onde ele propunha a criação de um Rito Novo e Independente, concitando os Orientes lusitano e brasileiro a viabilizarem o projeto.

O Rito teria por base os três Graus Simbólicos, comuns a todos os Ritos, resguardando, desta maneira, a Unidade Doutrinária da Ordem.

Os Altos Graus, entretanto, seriam Diferentes e Nacionais. A Doutrina e Filosofia dos Altos Graus abdicariam as tradições históricas e geográficas do país onde o Rito fosse praticado, pela índole, cultura e aspirações do seu povo.

Entusiasta de sua proposta o Cavaleiro Rosa-Cruz conclui:

O ideal em Maçonaria é a Diversidade dentro da Unidade,

atendendo o gênio de cada raça e que a Maçonaria não pode ser desnacionalizante.

Influenciado por essa "cacetada" cívica, um Maçom pernambucano de nome José Firmo Xavier, resolveu fundar, na cidade de Recife, a **Maçonaria do Especial Rito Brasileiro**, quatro anos depois, em 1878. O Rito teve à época uma Constituição muito bem elaborada e altamente corporativista, com 24 Capítulos e 120 Artigos.

O Rito não prosperou naquela época, provavelmente por conter em sua Constituição alguns preceitos que atentavam contra a Regularidade Maçônica Internacional, como, por exemplo, a proibição de se iniciar estrangeiros, etc. Ao que tudo indica, esteve jurisdicionado ao Grande Oriente Brasileiro que tinha, em Pernambuco, um Grande Oriente Provincial naquele período.

Posteriormente, em 23 de dezembro 1914, Lauro Sodré como Grão-Mestre Geral da Ordem, resolveu fundar o Rito Brasileiro, agora jurisdicionado ao Grande Oriente do Brasil.

Ao ser fundado pelo Grande Oriente do Brasil, o Rito sofreria vários percalços em sua trajetória até que, reimplantado pelo então Grão-Mestre professor Álvaro Palmeira, em 1968, completou 30 anos de profícua existência, no dia 25 de abril de 1998, data esta considerada e comemorada como Aniversário do Rito. Na data de sua perene reimplantação, as Lojas que foram fundadas à época e que adotaram o Rito foram:

Loja "Fraternidade e Civismo"	Fundada em 25.4.68	Rio de Janeiro
Loja "Araribóia"	Fundada em 4.5.68	Niterói
Loja "Castro Alves"	Fundada em 7.5.68	Salvador
Loja "Labor e Civismo"	Fundada em 24.8.67	Cataguases

A Loja "Labor e Civismo", fundada na cidade de Cataguases (MG), foi a única à época que fora fundada em outro Rito e adotou o Rito Brasileiro em 24.5.68. A partir de 1968, o Rito mudou sua nominata para **Rito Brasileiro de Maçons Antigos, Livres e Aceitos,** passando a ter uma escala de 33 Graus administrados por uma

Oficina Chefe com o nome de **Supremo Conclave do Brasil**, com sede e foro na cidade do Rio de Janeiro e com Tratado de Reconhecimento com o GOB e o **Conclave dos Servidores da Ordem e da Pátria**, com sede e foro na cidade de Cataguases, Minas Gerais, que dá sustentação às Lojas do Rito Brasileiro fundadas nos Orientes Independentes dos vários Estados da federação.

O Rito Brasileiro é considerado o segundo mais praticado pela Maçonaria brasileira atualmente, com quase 170 Lojas que o adotam no GOB e na Confederação Maçônica do Brasil (COMAB).

∴

Organização da Maçonaria

Irm∴ Dario Aparecido da Costa
Or∴ Londrina – PR

Introdução

A Ordem Maçônica, desde seu aparecimento e sua organização ainda em mãos dos Pedreiros-Livres, vem sofrendo alterações em suas estruturas e organizações. Porém, vem resistindo às intempéries do tempo e de seus dilapidadores. Será uma organização que ainda resistirá por muito tempo, jamais perderá sua essência e características de iniciáticas.

Nos dias de hoje, já na era da informática, e de outros meios de comunicação, um estado muito avançado, a Maçonaria ainda não foi compreendida, falta muito para que muitos homens que adentram seu Quadro estejam certos de seus Mistérios. E para tanto fazemos os seguintes questionamentos.

Exposição

A Maçonaria é um clube? Uma associação sem fins lucrativos?

Uma empresa? Uma sociedade secreta? Um partido político? Uma religião? Um lobby? Um contrapoder subterrâneo? Uma seita? Um movimento esotérico? Uma organização de mágicos? De mistérios?

As referências já feitas sobre a origem e história da Maçonaria certamente que permitem com segurança afastar aquelas questões que os Profanos, ou seja, os desconhecedores da Maçonaria lançam, seja por ignorância, seja mesmo acintosamente para tentarem desacreditar.

Na realidade, não admira que políticos ambiciosos, ou religiosos fundamentalistas, prefiram evitar a divulgação de uma filosofia que assegura a libertação do homem de constrangimentos que cerceiem a sua dimensão espiritual. Os Maçons por natureza são mais difíceis de se submeter docilmente aos ditames que pretende impor um poder ou uma religião sem dimensão espiritual universal.

A Maçonaria é uma Ordem. É uma Obediência iniciática, espiritualista, universalista. E deísta.

A Maçonaria Universal, herdeira de uma tradição iniciática, ecumênica, de base judaico-cristã, assenta na existência de Deus, Grande Arquiteto do Universo, de acordo com seus princípio e fins. A maioria dos Maçons acredita que Deus representa uma Luz superior, e que a humanidade através de suas evoluções, das suas infelicidades, dos seus percalços, caminha (quantas vezes sem o saber!).

Segundo um plano que Deus lhe traçou, para uma racionalização crescente da vida coletiva, para uma existência em que cada vez tenham e tenham mais peso os valores da bondade, daquilo que na terminologia cristã se chama amor pelo próximo, da justiça, da solidariedade, da Liberdade, da Igualdade, substanciados nos dias de hoje, evidentemente pela democracia e pelo respeito dos direitos humanos.

Por outro lado, devido às características das bases cristãs da Maçonaria alguns autores não hesitam em considerá-la mesmo como um sistema sacramental que, aliás, não é nem pretende ser. Como não é nem pretende ser uma religião.

A Maçonaria não é uma religião porque não apregoa dogmas, não possui um culto, não concede sacramentos, não promete ou assegura a salvação, não mantém uma igreja, não ordena padres, não se dirige aos não Iniciados, isto é, aos Profanos, que, aliás, não pretende converter aos seus ideais.

Importa, porém, conceder que a Maçonaria, por ser uma Obediência Deísta, espiritualista, é eminentemente simbólica e esotérica. Dispõe, por isso, de fato, de um poder simbólico não negligenciável. Sublinha-se, porém, que esta dimensão esotérica, adquirida pela Iniciação, não colide com o simbolismo dos Profanos místicos e dos não Iniciados na Maçonaria.

Encontramos na Maçonaria Simbólica dois elementos cabalísticos, ficando assim resumido: o partido simbólico do Templo de Salomão e o Mistério da Palavra Perdida.

Quanto ao esoterismo, bem se pode dizer que ele está presente desde o início da Maçonaria Operativa nos idos do século XIII, quando o mestre, o profissional de então, sacralizava o trabalho, para defesa dos segredos, visto que o trabalho sobre a pedra era um trabalho sobre si mesmo independentemente de se inserir na glorificação do Ser Supremo. O trabalho do pedreiro (maçom), ao desbastar a pedra bruta, resultava do seu constante aperfeiçoamento e adestramento, não apenas material, mas também espiritual.

Veio, todavia, a Maçonaria Moderna, seqüencial da Maçonaria Operativa e Medieval, no século XVIII, permitir, pela Cerimônia da Iniciação, o acesso ao Sagrado e ao Segredo revelável pela interiorizarão subjetiva do Maçom da interpretação correta dos Símbolos e dos Rituais. Finalmente, na Maçonaria contemporânea, já no século XX, a Maçonaria regular, porque Deísta, é claramente mais esotérica, e de caráter mais espiritualista, como decorre da natureza da Cerimônia de Iniciação e do momento do juramento sobre o livro sagrado.

De fato, será após a Iniciação e pela prática exata dos Rituais e do simbolismo, que se encontra os meios de acesso ao Conhecimento, pela via espiritual e iniciática que lhes são próprias.

Assim é importante a perseverança maçônica, o aprofundamento dos seus princípios e a progressão no caminho iniciático. Inclusive nos Altos Graus.

A relação entre o Oculto e os Símbolos está sempre presente, como bem sintetiza Fernando Pessoa, no seu misticismo. Eu próprio acredito que por detrás dos símbolos e ainda mais símbolos da Obra, jaz um Grande Mistério Cristão. A consumação da Maçonaria de qualquer modo que seja compreendida, é a perfeita Ashlar ou Pedra Cúbica, e a Pedra Cúbica, se desdobrada ou revelada, desenrola-se na Cruz do Calvário.

Quando conseguirmos abrir a Pedra Cúbica, vemos estendida no solo uma cruz. E se novamente fecharmos, temos um cubo, e se olharmos de cima podemos ver cinco faces e continuará uma face oculta. Pode-se dizer que as cinco faces vistas representam os quatro elementos da natureza e a quinta essência. A que fica oculta representa o íntimo do homem que ninguém pode penetrar a não ser ele mesmo.

Com a devida vênia dos Irmãos, atualmente a Maçonaria está se transformando em um Clube de Interesses. As pessoas são Iniciadas e muitas não atingem a Mestria, deixam a Ordem Maçônica. Na Maçonaria atual ela está mesclada de muitas inovações. Muitos de nossos Irmãos anunciam que a Maçonaria é uma religião, e isso não é verdade. Precisamos com urgência eliminar todos os achismos, e nos aprofundar mais nos Mistérios Maçônicos.

Pesquisando a Constituição e Regulamento Geral do Grande Oriente e Supremo Conselho do Paraná, datado de 1903, cujo valor hoje é histórico e no Art. 5º diz, suas bases são:

> *§ 1º Plena liberdade de consciência e livre exame...*
> *§ 3º O aperfeiçoamento, pelo estudo, de todas as idéias sobre grandes e generosas que possam conduzir a Humanidade ao progresso.*

Art. 8º – São principais deveres de um Maçom:

§ 2º Guardar inviolável segredo sobre os mistérios que, por tradição oral e outros meios, lhe forem confiados.

Esta Constituição conta hoje 95 anos de idade. E estes ditames da Ordem Maçônica ficaram na história e apagados pelo tempo.

Hoje nós encontramos muito a liberdade de pensamento. Porém, sem responsabilidade. Poucos são os Irmãos que buscam seu aperfeiçoamento pelo estudo, em melhorar seu estado de espírito na sociedade, e, que esse conhecimento que se pode traduzir pelo nível de Ser e não saber se aplica na melhoria da humanidade. Guardar segredos que lhes são confiados, hoje vemos nas ruas e nos bares discussão sobre liturgia maçônica e as configurações de seus Sinais, Toques e Palavras.

É urgente, impostergável, que nós Maçons coloquemos os pés no chão, e ao escolhermos novos Profanos, saibamos separar a amizade e o grau de comércio do Profano. Buscar na sociedade homens com dignidade de realmente ser Maçons. Ou então estaremos fadados a conviver com esse Êxodo de Irmãos que deixam o convívio maçônico, indo por vezes buscar sanar suas ansiedades em outros segmentos. Precisamos estancar essas fugas criando atrativos nos trabalhos maçônicos.

No decorrer de todos esses anos que faço parte das lides maçônicas, consigo encontrar um culpado: a minha pessoa. Quem sabe se eu tivesse trabalhado mais, passado mais conhecimento aos Irmãos com quem convivo e com aqueles que deixaram a Ordem sem quaisquer explicações, talvez como eu muitos Irmãos também tenham cruzado os braços.

É necessário que as Lojas estimulem os Irmãos a realizarem Trabalhos Maçônicos para serem debatidos no quarto de hora de estudos. Mas vejo que as Lojas grandes dão apenas obrigação de Trabalho para Aprendiz e Companheiro, ficando os Mestres totalmente ociosos. Há Irmãos que colocam aos seus afilhados que a obrigação de freqüência vai até colar o Mestrado. Isso é o maior absurdo.

Por outro lado, a Tolerância é um conceito interno à própria

Maçonaria, isto é, não decorre dela que um Maçom deve ser tolerante perante um Profano. A Tolerância Maçônica deve situar-se no Quadro dos princípios aceites e entre aqueles que os aceitaram. Só assim se pode ser verdadeiramente tolerante, porque entre iguais. Não é concebível a violação, pela intolerância, dos princípios comuns.

Deixa-se agora em aberto as duas questões essenciais para apreciação em Loja.

1º Quais são os limites da Tolerância em Maçonaria?

2º Quais os limites da Tolerância do Maçom face ao Profano?

Conclusão

Concluo dizendo que a Maçonaria não se enquadra em nenhum daqueles itens citados no Preâmbulo deste Trabalho. E entre aqueles itens o que mais pesa é de a Maçonaria ser tratada como religião.

Não devemos confundir religiosidade com Maçonaria. Também não é um clube de serviço. A Ordem Maçônica é uma Instituição essencialmente: Educativa, Progressista e Filosófica. E proclama a prevalência do Espírito sobre a Matéria. E pugna pelo aperfeiçoamento do homem.

A Ordem Maçônica tem toda uma Ritualística e Liturgia, não havendo necessidade de ir buscar outros costumes em outros segmentos. Mas nós Maçons nos sentimos engrandecidos quando implantamos nos trabalhos maçônicos outras Cerimônias paralelas, que na realidade podem até ser bonitas mas não são maçônicas.

Que o Grande Arquiteto do Universo nos dê um norteamento e sabedoria para podermos discernir o que é da Maçonaria e o que são enxertos. E que possamos ter energias para combatê-las com discernimento.

∴

Bibliografia

CONSTITUIÇÃO do Grande Oriente do Paraná. Edição 1987.

CONSTITUIÇÃO e Regulamento Geral do Grande Oriente e Supremo Conselho datado de 1903.

TEORIA e Prática da Maçonaria.

∴

Maçonaria – Ontem, Hoje e Amanhã O que nos Espera?

Irm∴ Élio Figueiredo
Loja Maçônica "Templários da Luz"
Or∴ São Paulo – SP

Antigamente, educação vinha do berço. Hoje em dia, vem do micro.
(Anúncio veiculado por jornal paulista, em setembro de 1998)

Introdução

O presente Trabalho tem por finalidade analisar nossa Subl∴ Inst∴, quer no seu passado, quer no seu presente, visando, principalmente, lançar um grito de alerta para o futuro da Humanidade e da Maçonaria, chamando os Obreiros da Arte Real para seu papel na sociedade – construtores do futuro.

É bom que se frise que não sou historiador, nem pretendo sê-lo, e tudo o que disser a respeito da evolução do mundo será fruto da leitura dos historiadores, que formaram minha opinião crítica a respeito do tema e da Maçonaria.

História

A História a que me refiro tem por finalidade analisar a trajetória do conhecimento, a Gnose humana, a fim de demonstrar o papel que a Maçonaria deve exercer no mundo de hoje e que deverá exercer no mundo amanhã, a fim de sobreviver, como a entidade que melhor ajusta o Homem à sua realidade.

Desde a mais remota antigüidade, quando o homem se torna gregário, um ser social, começa a buscar melhorar sua condição de saber, a fim de chegar cada vez mais próximo do Conhecimento e, nessa busca, vai passando de geração a geração suas experiências, seu saber, a fim de que seus pósteros não precisem iniciar o mesmo processo de pesquisa, o que explica o progresso intelectual, científico e cultural do ser humano.

Theobaldo Varoli Filho, no seu "*Curso de Maçonaria Simbólica*", 1º Tomo, 2ª ed., ed. A Gazeta Maçônica, p. 31, nos ensina que *Proclamam os Maçons que a sabedoria vem do Oriente*, ou seja, isso quer dizer que o conhecimento humano teve, como seu mais avançado berço, os países do Oriente, como por exemplo, os babilônios, os medos, persas, egípcios, hebreus, hititas, dentre outros, especialmente no que diz respeito às sete ciências da antigüidade.

O saber veio trilhando seu caminho através dos tempos, em especial, dentro das mais antigas corporações de pessoas que buscaram, como até hoje buscamos, a essência do saber e da origem do homem.

Na chamada Idade Média, também conhecida como das Trevas, o saber ficou restrito aos mosteiros e a algumas corporações de oficio, em especial, as guildas, os construtores, etc., que os guardou para a posteridade, trazendo até nós os seus segredos, as suas pesquisas.

Por outro lado, difunde-se que a Maçonaria adveio dessas corporações de ofício, o que, conforme alguns historiadores, não é verídico; porém, o que eu penso, é que os primeiros Maçons especulativos buscaram, nessas corporações, o conhecimento adquirido por eles e, ampliando suas pesquisas, legaram à posteridade não só o que receberam de seus antepassados, como também o que pesquisaram, o que transformou a Ordem Maçônica no repositório do conhecimento humano, que devemos legar aos que vierem depois de nós.

A História nos conta que o ser humano, ao ampliar seus conhecimentos, especialmente os filosóficos, foi transformando o mundo em uma grande aldeia, melhorando os transportes, diminuindo distâncias e tempo de deslocamento, sempre visando aumentar seu campo de visão e, por que não, de domínio, quiçá predomínio.

Esse avançar foi em direção ao conforto material, o que levou a humanidade a criar o que se convencionou chamar de *homo economicus,* através do princípio da mais valia, ou seja, quem tem mais, vale mais, deixando para trás o conceito filosófico do ser humano, ontologicamente considerado.

Esse conceito é o que tem dominado o mundo, tem sido a locomotiva que leva o homem para diante e, o que vem sendo a principal preocupação humana é a posse de riquezas, cada vez maiores, não se levando em consideração a função social do capital, causando o que alguém chamou, com propriedade, de *turbocapitalismo,* que é a concentração de riqueza e renda em mãos de poucos, em detrimento da grande maioria, causando o que ocorre nos dias de hoje, que mais de 1,5 bilhão de pessoas vive abaixo da linha da miséria, com renda inferior a um dólar por dia!

Porém, com o avanço do conhecimento técnico e científico, o homem foi transformando o mundo conhecido, buscando, cada vez mais, seu conforto, o facilitar de sua vida, ampliando seus conhecimentos técnicos e científicos, a tal ponto que, hoje, a meu ver, o homem se considera o demiurgo, posto dominar, até certo ponto, o mistério da concepção, dentre outras tecnologias.

Esse avanço tecnológico, advindo do uso extremado da inteligência humana, modifica o comportamento humano, a tal ponto que o poder econômico, hoje, não mais é o grande concentrador do poder político sobre os demais, vez que esse poder advém da tecnologia, que amplia o poder nas mãos dos poderosos e diminui a liberdade dos povos que, com isso, se escravizam aos mais avançados, tecnologicamente falando.

Aliás, essa escravidão tecnológica, ao que me parece, está levando o homem ao embrutecimento, bem descrito na obra de George Orwell, 1984, tão falada e tão pouco conhecida e analisada.

Essa, em breves pinceladas, a história do conhecimento humano, que embasa minha opinião.

Maçonaria

Desde a mais remota antigüidade, as corporações de ofício buscaram conhecer não só os segredos de seus ofícios, como também as demais ciências, sempre com a finalidade de ampliar o saber, como também transmitir esses ensinamentos para a posteridade. A Maçonaria é uma dessas sociedades, que busca, sempre, ampliar o conhecimento do Homem, para melhorar o mundo em que vivemos.

Por outro lado, devemos nos lembrar, sempre, que os Maçons do passado, em especial dos últimos dois séculos, tiveram influência no mundo, tanto que auxiliaram na efetiva implantação da democracia na França, berço da cultura moderna, até mesmo inserindo nos símbolos do país a trilogia maçônica – Liberdade, Igualdade e Fraternidade.

Da mesma forma, no Brasil, vemos os Maçons trabalhando ativamente na Proclamação da Independência, da República, no desenhar a Bandeira Nacional, abolição da escravatura, enfim, de tantos feitos no passado, cujos ecos ainda se ouvem nas nossas Lojas e, mesmo, no mundo profano.

Como vemos – e é sabido – nossa Subl∴ Inst∴ tem sido objeto

de perseguições, de difamação, não é interpretada e considerada como nós a conhecemos e a vemos, porém, ao longo da História, nenhum de nós tem tido a coragem de sair às ruas (no sentido figurado do termo) para difundir nosso trabalho e nossa filosofia, enfim, explicar aos membros da sociedade humana a que pertencemos, a que viemos e para que existe a Maçonaria; porém, essa é a indagação mais contundente: *quem de nós sabe o que é Maçonaria e para que serve?*

Essa a questão de fundo no tema Maçonaria para o 3º Milênio, ou seja, para o futuro.

Quando assevero que essa é a questão mais polêmica do encontro, é porque tenho convicção de que, na maioria das Lojas espalhadas pelo Brasil, pouco ou quase nada se faz em relação aos Iniciados, não se discutem temas maçônicos e/ou sociais, perde-se muito tempo em discussões estéreis sobre fatos mundanos e sociais (jantares, churrascos e meras questões administrativas), quando o certo é aprofundar os estudos sobre o conhecimento da Maçonaria, é buscar aperfeiçoar o ritualismo, obedecendo-o à risca, e discutindo a razão de ser de cada gesto que se faça quando em Loja.

Esse, infelizmente, o quadro em que se encontra a Maçonaria, triste para aqueles que pretendem dela fazer o *leit motiv* de suas vidas, que pretendem vê-la considerada, pelo mundo profano, como uma entidade séria, sem máculas; para tanto, precisa passar por uma reestruturação, que deve se iniciar dentro de cada um de nós para, em seguida, passar aos componentes de nossas Oficinas e, ao final, para a sociedade como um todo.

Fatos Sociais Atuais

Antes de falar sobre os fatos sociais, gostaria de lembrar um conceito, que julgo seja de extrema importância para os dias atuais, como adiante mencionarei.

Esse conceito é o de **ÉTICA**, cujo entendimento e discussão estão fora do contexto de nossas Lojas, quase que em geral.

João Baptista Herkenhoff no livro *"Ética, Educação e Cidadania"*, livraria do Advogado editora, p. 7, nos ensina que:

> *A Ética é compreendida como todo o esforço do espírito humano para formular juízos tendentes a iluminar a conduta das pessoas, sob a luz de um critério de Bem e de Justiça.*

Nicola Aslan, no seu *"Grande Dicionário Enciclopédico de Maçonaria e Simbologia"*, "A TROLHA", 1996, vol. II, p. 404, diz que:

> *ÉTICA – Palavra que vem do grego ethikós, de ethos, costume, e significa a ciência da moral individual e social. Este termo tem, sobre a palavra moral, do latim mores, a vantagem de melhor precisar a relação entre a ação reta, o procedimento honrado, íntegro, e o caráter virtuoso. A ética é a arte de criar um caráter moral, de contrair hábitos de que resulte, naturalmente, um porte conforme as leis do dever. Esta concepção da moral, que liga a virtude com o caráter e os costumes, parece um tanto distante de certas concepções modernas, tendendo, no entanto, a predominar cada vez mais sobre as outras.*

Explico o que me motivou a trazer esses dois conceitos de ética, antes de contar e comentar fatos sociais atuais.

É que nos dias que correm, por motivos até históricos, o brasileiro não é um povo afeito à leitura e ao estudo, pois, desde o início de nossa colonização, a leitura sempre foi restrita, como afirma Wilson Martins, *in "História da Inteligência Brasileira"*, T. A. Queiroz, ed., vol. I, p. 15/16:

> *Naturalmente, havia seleção de leituras. Não se davam a ler a todos, indistintamente, à proporção que iam chegando (os livros) da Europa. Determinou-se que se examinassem antes, e corrigissem no que tivessem (se tivessem) contrários à edificação e bons costumes. Isto era em 1596, mas estava já em vigor, desde o tempo de Santo Inácio, a legislação geral da Companhia no que toca a livros obscenos e heréticos, aqueles totalmente proibidos, os segundos admitidos com as devidas cautelas.*

Ora, se desde os primórdios da colonização brasileira, era difícil a possibilidade de leitura pelo povo, este não foi acostumado à leitura, em especial, durante o período posterior à Idade Média, em que surgem os movimentos culturais que imperaram na Europa desde então e, especialmente, nos últimos dois séculos.

No mundo de hoje, ao menos é o que parece, não existe mais lugar para atitudes éticas, ou seja, que respeitem as pessoas enquanto seres humanos, que ensinem a viver de forma a trazer mais conforto e alegria ao semelhante, em todos os níveis; porém, o que mais me deixa preocupado e, mesmo, estarrecido, é a forma leviana com que todos os que estão envolvidos nesse processo agem, como passo a mencionar.

Tempos atrás o jornal *O Estado de São Paulo* publicou matéria sobre novela de uma rede de televisão, na qual o conhecido autor de novelas Silvio de Abreu afirmou rejeitar a obrigação de prestar serviços sociais por meio de seu trabalho, dizendo:

> *Acho que se estou fazendo um trabalho que vai atingir e influenciar milhões de pessoas, posso muito bem levantar uma discussão. Só não aceito que se torne uma obrigação, que eu seja condenado por não fazer isso; minha obrigação como profissional de televisão é entreter as pessoas.*

É de se ficar estarrecido com essas declarações, pois esse senhor se esquece do texto constitucional que rege a matéria, mais especificamente, o artigo 221, inciso I da Constituição Federal, cujo teor é:

> *Art. 221. A produção e a programação das emissoras de rádio e televisão atenderão aos seguintes princípios:*
> *I – preferência a finalidades* ***educativas****, artísticas, culturais e informativas;*

Como se nota, o primeiro mandamento do artigo é *educar*, o que significa que, ao atingir milhões de pessoas (que, como disse acima, não têm cultura suficiente para discernir o que é certo, ético, do que não é), ele estará influenciando, negativamente, esse público, que aceitará, passivamente, aquele exemplo (ainda que mau exemplo) imitando o que os atores lhe passaram!

Analise-se, ainda, os gritantes exemplos do que chamei de *farra do índio,* que foi a tocha humana em que o índio Galdino foi transformado pela sanha de jovens de classe média alta de Brasília, assim como o papel que as gangues vêm exercendo naquela cidade (não se esquecendo, também, das chacinas de outras grandes capitais), tudo noticiado nos jornais e televisões deste nosso País que, como afirmou o jornalista do mesmo matutino acima referido, na *telinha* assiste-se a uma escalada da vulgaridade e da degradação de valores.

A banalização da violência e, por conseqüência, da vida, e as novelas trazendo, em seu bojo, os mais vulgares exemplos de degradação social e da família, gera o descaso da população pela verdade, pela ética e pela moral e, isso tudo, aliado a um Poder Judiciário enfraquecido pelas lutas intestinas, pela ignorância do povo em relação ao papel político desse mesmo poder, assistimos, impassíveis e impotentes à destruição daquilo que de mais belo possuímos, que é o sentir a beleza da vida, o amor fraternal e a paz, desejo maior e finalidade última de todos nós.

Porém, de tudo isso, o que mais assusta, nos dias de hoje, é a destruição da família, como ente social, como a única entidade capaz de gerar cidadãos conscientes e bem formados, pois, ao obrigarmos os pais (ambos) ao trabalho fora do lar, chegando à noite extremamente cansados, sem qualquer paciência com os filhos que geraram, somente frustram os sentimentos daquele pequenino ser que eles trouxeram ao mundo, sem o menor preparo e, assim, cada vez mais, servem de instrumento para a voracidade do sistema que se encontra instalado, ou seja, aquilo que acima afirmei, o *turbocapitalismo.*

Esse, infelizmente, o quadro que se apresenta e que, apesar de sinistro, ainda é possível de ser revertido, como adiante veremos.

Conclusões: O que Fazer?

Apesar do horizonte sombrio que nosso orbe apresenta atualmente, nossa esperança não pode esmorecer, não pode morrer, pois, se nos deixarmos levar pelo desânimo, pela insensatez e, principalmente, pela discórdia, estaremos negando nossa bandeira maior – a de construtores de um mundo melhor.

A Maçonaria tem por finalidade maior o aprimoramento do Homem, buscando transformar cada membro em uma coluna firme e forte a auxiliar a sustentação do edifício social em que vivemos, tudo para que possamos viver em um mundo mais justo e perfeito, legando-o aos nossos pósteros em melhores condições das que o encontramos, tudo em razão e através de nossos ideais e, em especial, a nossa trilogia **LIBERDADE, IGUALDADE** e **FRATERNIDADE**.

Há que se analisar, ainda que superficialmente, essa trilogia, à luz de nossos ensinamentos e filosofia.

A **LIBERDADE** é o poder viver da melhor forma que entendermos, sem, contudo, ferir (ou invadir) o direito de nosso semelhante de também fazê-lo e, apesar dessa busca ser utópica, como a de se encontrar a fonte da juventude eterna, não devemos, nunca, desanimar da luta.

A **IGUALDADE** é aceitarmos nossos semelhantes como seres humanos, sabendo que nenhum de nós é mais do que o outro, apesar das diferenças sociais existentes, é lutar para que haja menores distâncias entre cada um, em especial a cultural e a relativa à civilização.

A **FRATERNIDADE**, por seu turno, consiste em amar a todos os homens sem distinção, tentando não sobrepujar nenhum, tratando a todos como irmãos, sendo este o *leit motiv* da existência de nossa Subl∴ Inst∴, o móvel de nossas ações, ao menos enquanto Maçons.

Assim, para lograrmos êxito em nossa tarefa, mister se faz começar por uma análise de nós mesmos, com relação ao mundo de hoje, buscando conhecê-lo de forma global, saber dos problemas que o aflige, como, por exemplo: a violência urbana, suas causas e forma de solução; a disseminação das drogas e sua influência no seio da juventude, em especial a grande massa dos estudantes, buscando fórmulas de erradicá-la.

Todavia, a erradicação total dar-se-á, somente, se houver um começo de ação dentro de nossa comunidade, de nosso bairro, cidade, etc.

Assim, o importante é pensar globalmente, ou seja, conhecer o problema em sua extensão maior, contudo, buscando soluções, locais, ou seja, dentro de nosso raio de ação, pois uma tentativa de se eliminar o mal em seu todo não surtirá efeito algum se não forem tratadas suas causas. É como tentar eliminar o vírus da Síndrome de Imunodeficiência Adquirida – a AIDS, através da eliminação da raça humana da face da Terra, é matar o doente para acabar com a doença.

Assim, o papel da Maçonaria, enquanto instituição, é o de convocar seus membros para promover um amplo debate sobre o assunto, porém, não permanecendo no terreno da discussão, sendo necessário que, de cada debate, surjam ações concretas no sentido de se viabilizar a grande tarefa de, com dinamismo e eficiência, não só encontrar os caminhos, mas, principalmente, iniciar a caminhada, não se esquecendo da máxima chinesa que diz que *toda viagem (caminhada) de dez mil quilômetros inicia-se no primeiro passo,* e o primeiro passo deve ser dado agora, sem perda de tempo.

Bibliografia

ASLAN, Nicola. *Grande Dicionário Enciclopédico de Maçonaria e Simbologia.* Londrina: "A TROLHA", 1996.

HERKENHOFF, João Baptista. *Ética, Educação e Cidadania.* Livraria do Advogado, 1996.

QUEIROZ, T. A.. *História da Inteligência Brasileira.* 4.ed. Editor, 1992.

REVISTAS Maçônicas: "A TROLHA", O Prumo, A Verdade, A Romã.

VAROLI FILHO, Theobaldo. *Curso de Maçonaria Simbólica.* 2.ed. A Gazeta Maçônica.

Maçonaria no Terceiro Milênio

Irm.·. Reginaldo Orestes Lima Cipolatti
Or.·. Rio de Janeiro – RJ

Há, impreterivelmente, necessidade de uma nova Maçonaria para o Terceiro Milênio.

Muitos Irmãos se mantêm na expectativa, a cada Grau, de respostas às suas interrogações e persistem esperançosos; outros se envaidecem dos títulos honrosos e se acostumam às obrigações maçônicas que lhe palmilham os afazeres de sua vida em sociedade.

E há os que alimentam a falsa idéia de uma Maçonaria genealógica apoiada em antigas civilizações e, alguns poucos, os estudiosos, os que se preocupam com as origens da instituição, tornando-se doutos em história da Maçonaria, detêm-se nos documentos da Franco-Maçonaria de um modo geral. É quando são anotadas duas datas, uma do calendário comum, outra do calendário maçônico. Ao invés da contagem do ano de nascimento de Cristo, o calendário da Maçonaria usa o "Ano Lucis", significando o Ano da Luz, abreviadamente A.·. L.·..

O "Ano Lucis" da Maçonaria é obtido adicionando-se ao ano

do calendário comum, Era Vulgar, cuja abreviatura é E.V., o número 4.000, que se supunha o número de anos decorridos desde o começo do mundo.

Este sistema é baseado na cronologia do arcebispo de Usher, que calculou o Ano da Criação do Universo como ocorrido em 4004, antes de Cristo.

Por conveniência, o calendário maçônico ignora os quatro anos excedentes. Assim sendo, o ano de 1998 d.C. é o A.L. 5998.

O cálculo pode causar confusão, mas a conclusão é clara: supõe-se que a Maçonaria seja tão velha quanto o mundo.

A mais plausível teoria da origem da Maçonaria vem de uma organização medieval, organização de uma linhagem comparativamente pequena e obscura, OS PEDREIROS PRÁTICOS.

Cabe aqui lembrar que os drusos eram uma tribo semítica, pertencente ao ramo de Ismael, e, por conseqüência, descendentes de Abraão, o caldeu, como os hebreus. Eles se tinham estabelecido desde tempos imemoriais, nas montanhas do Líbano e ante-Líbano, onde exploravam as florestas de cedros que forneciam madeira de construção para as populações circunvizinhas. Os seus chefes formavam um colégio que se recrutava por Iniciação. Seus mistérios teriam sido comunicados aos cruzados que os transmitiram à Escócia, onde foi constituída a **Ordem dos Cavaleiros do Real Machado**.

Segundo H. Smith, os fiéis drusos se dividiam em três classes:

1°) os **dgahes** ou profanos que assistiam as assembléias ordinárias nos lugares do culto;

2°) os **oknals** ou iniciados, que usavam um turbante branco e assistiam às reuniões secretas; e

3°) os **khatibs** ou sacerdotes que presidiam a essas reuniões.

Segundo o célebre orientalista Sary, que nos deixou a obra, a mais autorizada sobre a religião dos **drusos**, esta repousaria em que Deus, a Força Maior, é ainda incognoscível e que Ele é encarnado sob a forma material, e que quando ele for percebido pelo ser humano tomará o nome de **Hakin** e que, em fim dos tempos estabelecerá sobre a terra o reinado da justiça quando se identificará com o mundo infinito; será um estado da percepção humana que terá o nome de **"Hamza"**.

Historicamente, a Maçonaria atual, até certo ponto, pode ter dúvidas se o homem verdadeiramente trabalhava na pedra, com o malhete e o cinzel, ou com o machado na madeira, quando se deu origem à Maçonaria. Um dos motivos de incerteza que envolve a possibilidade deste senso comum, deve-se ao fato de que não havia registro disponível das reuniões das Lojas dos Franco-Maçons medievais. Na Escócia o mais antigo documento existente mostra os procedimentos das Lojas no ano de 1599, descritos minuciosamente, em suas agendas ou atas.

Na Inglaterra a Loja mais antiga, cujo registro pode ser localizado, é a "ALNWICK LODGE", em Northumberland. Infelizmente, para os escritores ingleses, esta Loja foi, aparentemente, ao mesmo tempo, operativa e especulativa e por isso não prosperou.

Também, as atas das antigas Lojas Operativas inglesas datam de depois de 1701, simplesmente, 16 anos antes da formação da Grande Loja da Inglaterra, em 1717.

É provável, não obstante, que a GUILDA DO CRAFT urbano não era uma organização adequada a todos os Maçons medievais. Muitos deles viajavam em busca de serviço ou experiência e eram freqüentemente alistados para trabalhar em construções em lugares distantes.

Os registros mostram que tais Lojas existiram, por exemplo, em York Minster, em 1352, e na Igreja de São Nicolau, em Aberdeen, em 1483.

Os pedreiros se reuniam nessas Lojas as quais eram, também, usadas como tabernas, dormitórios e depósitos. Aí, ainda, ensinavam os mitos comuns acerca do seu CRAFT[1]. Diziam que esses

---

[1] CRAFT – No original inglês – ARTESANATO, que também significa Força, Potência, Habilidade profissional em artes manuais.

ensinamentos foram-lhes ministrados por Euclides, da famosa escola de matemática de Alexandria, no Egito, e que aplicaram esses ensinamentos na construção da Torre de Babel e do Templo de Salomão. Diziam, ainda, que os Maçons da Inglaterra tinham sido dignificados por Santo Albano e protegidos e regularizados pelo rei Athelstan.

Estas lendas, juntamente com os códigos, costumes e tradições dos construtores da Idade Média, estão preservados nos Velhos Preceitos (THE OLD CHARGES)[2]. Além disso, conheciam, igualmente, o Manuscrito das Constituições da Maçonaria.

Existe cerca de uma centena de versões, e há razões para acreditar na existência de muitas mais. Os documentos são as principais fontes de informação das histórias maçônicas e os mais antigos são, quase certamente, o Manuscrito Régio – escrito em verso, datando de, provavelmente, 1390 e o Manuscrito Cooke – em prosa datando de 1400 ou 1410. Estes documentos encontram-se no Museu Britânico.

As lendas contidas nesses Manuscritos dizem, entre outras coisas, que Euclides sugeriu que a Maçonaria teve sua origem no Egito e que alcançou a Inglaterra muitos anos depois dos tempos do rei Athelstan; que esse rei teria convocado uma assembléia de aristocratas para redigir os códigos e regulamentos do CRAFT; admitindo, ainda, a existência dos três graus normalmente incluídos na Guilda dos Pedreiros Medievais. Que os Aprendizes aprendiam seu ofício, os Companheiros trabalhavam como artífices e os Mestres dedicavam-se a alguns afazeres e supervisionavam os artífices no trabalho da construção.

As versões do outro Manuscrito, o Cooke, contêm as mesmas narrativas anteriores, mais os regulamentos do CRAFT, incluindo a proibição de revelar o segredo e a prece.

Entretanto; nenhum dos manuscritos faz referência à lenda da morte de Hiram, o arquétipo do Templo do Rei Salomão, que é o

---

[2] OLD CHARGES – No original inglês – VELHOS PRECEITOS, ANTIGAS ORDENANÇAS, que também pode ser traduzido por Antigos Deveres ou Funções.

fundamento do Ritual do 3º Grau da Maçonaria de hoje, nem faz qualquer referência ao Templo de Salomão.

É possível que os velhos preceitos, ou parte deles, tenham sido lidos em voz alta para os pedreiros reunidos em Loja, e deste modo tenham-se tornado o embrião do Ritual Maçônico contemporâneo. Mudanças ou acréscimos para as idéias da origem da Maçonaria não são muito importantes, comparadas com a maioria das notáveis mudanças de Anderson, muito de acordo com o Deísmo daqueles dias.

Fator que, quase certamente, contribuiu para o desenvolvimento do cerimonial maçônico foi a PALAVRA DO MAÇOM. É a palavra secreta dada ao Mestre Maçom em sua Exaltação ao TERCEIRO GRAU. O Candidato é levado a representar HIRAM ABI, na legendária morte do arquiteto do Templo[3].

A palavra é dada depois de ele ter sido ressuscitado de uma morte simulada, pelos cinco Pontos de Confraternização: m∴ a m∴; p∴ a p∴; j∴ a∴ j∴; p∴ a p∴ e m∴ sobre as c∴. A palavra é MACABEN ou MACHBINNA, embora em várias épocas muitas versões tenham aparecido, como MAHABIN (Manuscrito Sloane, cerca de 1700); MATCHPIN (Manuscrito do Colégio Trindade de Dublin) e MAHABONE e MACHBENACH (Manual da Franco-Maçonaria, 1825, de Richard Carlile).

Ficou convencionalmente bem estabelecido que a Palavra do Maçom é originária da Escócia e que havia um sistema de perguntas e respostas por meio do qual um Maçom mostrava que possuía a PALAVRA e o segredo a ela associado. O segredo, também, era ligado a uma lenda.

Isto é narrado detalhadamente no Manuscrito de Graham, que foi descoberto em York, em 1936, e, significativamente, inclui referência à palavra do Maçom. O manuscrito é de 1672 ou 1726 e é tido como autêntico. Esta é a narrativa que o manuscrito relata:

SEM, CAN e JAFÉ decidiram ir à sepultura de seu pai NOÉ

[3] Em Maçonaria do Terceiro Milênio o Templo é a Humanidade e o arquiteto é o homem.

para tentar descobrir o verdadeiro segredo que aquele famoso pregador possuía... Decidiram que se não encontrassem o que queriam, que a primeira coisa que descobrissem tornar-se-ia para eles um segredo... Então, rumaram para a sepultura. Nada descobriram lá, a não ser o corpo do morto quase consumido. Dando um toque num dedo, este se separou de articulação em articulação, o mesmo acontecendo com o pulso e o cotovelo. Então levantaram o morto e o sustentaram colocando p.·. a p.·., j.·. a j.·., p.·. a p.·., f.·. a f.·. e m.·. nas m.·.... e, então, deitaram o corpo morto novamente... sem saberem o que fazer. Então um disse: "– Este osso está, ainda, com tutano"; e o segundo disse: "– Mas é um osso seco"; e o terceiro disse: "– É fétido". E, então decidiram dar um nome que é o mesmo conhecido na Maçonaria de hoje... Mas a virtude não provém do que eles encontraram, ou do nome que lhe deram, mas da fé e da prece. *(The Early Masonic Catechisms – D. Knoop, G. P. Jones and Manchester – 1943.)*

Uma interessante comparação com a lenda do Manuscrito de GRAHAN é a conclusão do manuscrito da casa de Registro de Edinburg, de 1696, que diz o seguinte:

Pergunta:

> *Quantos Pontos de Confraternização há?*

Resposta:

> *Cinco a saber: p.·. a p.·., j.·. a j.·., p.·. a p.·., m.·. a m.·. e or.·. a or.·.. Então, faz o Sinal de Companheiro, dá o Toque que você será reconhecido como um Verdadeiro Maçom. As palavras estão em Reis I, Cap. 7, Vers. 21 e Crônicas II, Cap. 3, Vers. 17.*

Ambas as referências bíblicas são partes de, ou causa da construção do Templo do Rei Salomão, como a menção dos versículos sobre os dois pilares ou pórticos do Templo, dando o nome ao da direita e ao da esquerda. No Ritual praticado pela Maçonaria de hoje são as palavras secretas dadas ao Candidato durante a Iniciação para o 1° Grau, e para o 2° Grau.

A lenda contida nos Velhos Preceitos, com um ou outro, NOÉ ou HIRAM, como ocupante da sepultura, pode ter fornecido a base da alegoria e do Ritual e é certo que algum cerimonial acompanhou a comunicação da Palavra, ou de diferentes palavras. Estas, então, são as duas fontes das quais a moderna Maçonaria Especulativa deve derivar: um elemento inglês – Os Velhos Preceitos e um elemento escocês – A Palavra do Maçom.

O desenvolvimento da moderna Maçonaria Especulativa foi um processo gradual, tendo a se reconhecer a fundação da Grande Loja da Inglaterra, em 24 de junho de 1717, ou seja, o nascimento da Maçonaria, como hoje a conhecemos; no entanto, não existe nada escrito, uma ata ou qualquer outra anotação de que a Grande Loja da Inglaterra existiu antes de 1723, e então, por seis anos de importante história, a principal fonte de informação é do Dr. James Anderson (R. P. Gould – "História da Maçonaria"). Podemos encontrar a descrição dos esforços de Anderson nos escritos de Bernard E. Jones.

A difusão da Maçonaria sobreviveu a um inexplicável fenômeno social quase completamente desconhecido ou ignorado pelos historiadores, mas, agora com 281 anos desta fase especulativa, reconhecemos ser ela a única organização que mantém, na forma mneumônica de seus Rituais, os segredos da vida.

A Maçonaria do Terceiro Milênio será o desvendamento dos mistérios da ritualística maçônica muito bem representado pela venda do Iniciado, o qual por sua vez representa o ser humano.

Neste período evolucionista da Ordem Maçônica, reconheceremos as colunas da entrada do Templo como o "cérebro humano"; Jakim, em referência ao lóbulo esquerdo que emite ondas Beta no trabalho de Loja pelos Aprendizes e Companheiros, e Boaz, ao lóbulo direito, relacionado à emissão de ondas Alfa, pelos Mestres.

O desvendar apocalíptico da Maçonaria não é transmitido pela operação dos Aprendizes nem dos Companheiros, ocasião em que são emitidas as ondas Beta; este apocalipse tem uma mensagem mais forte, que ultrapassa, nos já Iniciados, as fronteiras do consciente, indo atingir diretamente o subconsciente, ou seja, o centro propulsor das ondas Alfa.

Nesse tempo que será o do avanço da Maçonaria, não se fará o Sinal de Ordem sem compreendê-lo: ao levarmos o polegar ao pescoço, saberemos que estamos aproximando nossas marcas da individualidade, as digitais que estão ligadas, por tênues filetes nervosos, ao Filamento heterótico[4] que fica logo abaixo da glândula hipófise, e que estamos contactando-os com nosso ponto energético – laríngeo que é o centro da intuição e da criatividade.

A repetida ação do Sinal de Ordem contribui para o desenvolvimento do hemisfério direito de nosso cérebro, capacitando-nos até a percepção ancestral.

A vida do Maçom é uma longa história; é uma história que ultrapassa os limites do nosso nascimento e de nosso viver cotidiano, e tudo está expresso de maneira mneumônica nos Rituais.

Ao Maçom, realmente, o que se lhe propõe é a Iniciação na acepção da palavra; ele busca o seu significado superior e esta tem por objetivo levar os Obreiros todos ao mundo globalizado e para isso faz transparecer como analogia o corpo humano que em Maçonaria do Terceiro Milênio tem o significado de Hiram, que é representado também pelo Templo Maçônico, o que já era conhecido dos egípcios, para fins de estudo, com o nome de "GRANDE MANEQUIM", objeto da análise para o apercebimento das verdades concernentes à vida.

Em nosso corpo humano, todas as partes estão completamente inter-relacionadas e afetam em maior ou menor grau, umas às outras. Isto é uma coisa natural em qualquer organismo e a humanidade no planeta Terra é o grande organismo de nosso trabalho maçônico já quase no terceiro milênio.

Nós, em substituindo-nos constantemente na Ordem Maçônica,

---

[4] O FILAMENTO HETERÓTICO é um estado de autoconsciência que permite a compreensão de estruturas tão complexas quanto os seres humanos que podem investigar as leis do universo e fazer perguntas até acerca da natureza de Deus. (STEPHEN W. HAWKING)

Irmãos que entram e Irmãos que saem, Irmãos que vão de Aprendizes a Mestres e ao Grau 33, temos esta missão de globalização compreendida, ou seja, a nossa atuação maçônica de intercomunicação mental através do exercício ritualístico.

Esta interligação maçônica faz inocularmo-nos no universo inteiro, justamente através do Ritual para captação de energias, o que é o objetivo principal do Maçom; e isto é o nosso segredo numa continuação de séculos e mais séculos.

O simples fato de nos unirmos através de nossa chama sagrada com todas as Lojas do mundo, já é a formação de uma "Cadeia de União" para a permuta de energias globalizantes no sentido de se trabalhar a bem da humanidade.

Perceba-se que nos Graus da Maçonaria até o 33, a posição dos Oficiais em Loja é sempre a mesma; é uma continuação em formação dos três triângulos da Loja de Aprendiz; um de ápice para cima (ORIENTE – o Grande Rosto) e dois de ápices para baixo; o Venerável Mestre (cujo título vai mudando nos demais Graus) com o Orador e o Secretário; o Tesoureiro com o Chanceler e o Mestre-de-Cerimônias; o 1° Vigilante com o 2° Vigilante e o Cobridor Interno.

O Venerável Mestre representa a implosão da Força Maior redundando na Grande Explosão que deu origem ao universo, e aí é que se estabelece a eterna criação. O 1 origina 2 e o 3, e representa a MENTE. O Orador e o Secretário são a alma e a palavra (VERBO); a palavra significa também o corpo e todo o ambiente que o condiciona.

A Mente no corpo humano é o subconsciente, reflexo de todos os seus elétrons (o meio criativo), o aspecto feminino da criação ligado ao Orador pela Sabedoria.

O consciente é a alma inteligente porque possui a capacidade de escolher, selecionar e iniciar algo – ação (livre-arbítrio) que se entrega ao subconsciente – Espírito Puro – soma dos próprios elétrons em comunicação – o Secretário.

O princípio masculino, o 1; o princípio feminino, o 2; da união de 1 e 2, provém o 3, ou o mundo inteiro.

É assim que as coisas são feitas no universo e no ser humano (num eterno acontecer) e não há nada que seja feito de outra maneira e, a Maçonaria mnemonicamente, nos Rituais, disto é a expressão.

O 1 é a origem de todas as coisas e a causa de todas as coisas.

O 2 – Orador – é a inteligência e representa o desejo da alma, é o momento que a mente fica dividida; tudo já não é só a unidade, é a percepção individual; em se a mantendo em atenção aos desejos estar-se-á assimilando-os no subconsciente.

O 3 – Secretário – significa convicção, impregnação do subconsciente que dá motivo ao desaparecimento do 2 que, em sendo masculino, empenha o número 1.

Então o 1 e o 2 dão origem ao 3, a outra criação.

E os cargos todos dos oficiais de uma Loja? Na Maçonaria do terceiro milênio eles serão relacionados com a transmutação da divindade em forma de Elétrons na complicadíssima psique humana; e tudo se encerra com o Cobridor Externo, Deus ampliado com vida, e o 10 consiste de 1 masculino e zero (feminino, útero) um símbolo da Força Maior em ação no homem = o Reino Eterno.

A Iniciação será um processo de comunicação mental com os Rituais, e então nós Maçons teremos aprendido a extrair de todo o Cosmo a energia, a qual nos transporá à abrangência do tudo pela intercomunicação dos bilhões e bilhões de Elétrons do nosso organismo, com a majestosa e imensurável quantidade de Elétrons do todo.

A Maçonaria é algo surpreendente!

Outra atuação maçônica de capital importância é a repetição do diálogo em forma apocalíptica entre o Venerável Mestre e os Vigilantes; entre o Venerável e os Diáconos e demais Oficiais em Loja, o que é uma constante dos Rituais, a representação da comunicação de nossas micropartículas orgânicas entre si, no sentido de nos fazer nascer, fazer-nos vivos e mesmo trazer-nos a morte.

O objetivo e a razão da Maçonaria existir, ter sofrido modificações pelo decorrer do tempo até entrar neste período especulativo, é o atingimento do período evolucionista atendendo o segmento de um ciclo planetário. Será a Maçonaria a razão da infalível futura mudança de comportamento humano, razão da criação de novos paradigmas para a chegada de uma nova era, um momento planetário que se vislumbrará acima dos negócios, acima mesmo da sociedade.

A Maçonaria levando anos de atuação é, inconfundivelmente, a única organização que colocando o ser humano em ligação com as forças primeiras do universo através dos Rituais, principalmente do 1°, 2° e 3° Graus, está sendo o elo para a outra era que já se faz sentir.

Neste momento de comunhão ritualística a se repetir a todas as horas do dia e da noite em razão do fuso horário, nós Maçons conscientes da força que a Ordem tem, passamos, como já dissemos, a viver a energia primeira – a criadora – representada pelo Grande Rosto da Loja, e a capacitar-nos assim, mesmo que ainda inconscientemente, de uma percepção longínqua, um lembrar das estrelas em que se formando do simples hidrogênio, e depois, ato contínuo, poderemos nos aperceber da matéria mais complexa evoluindo nas necessidades gerais dos Sóis, pelo conhecimento neguentrópico dos nossos elétrons que paulatinamente, sem dúvida, chegarão ao nosso consciente.

Então, será quando nosso cérebro, já preparado para a **"Iniciação Maior"**, a consciência globalizante, aproveitando vibrações de energia em evolução sistemática para estados superiores ainda mais complexos que o nosso ser já experimentou, predispor-nos-á a grandes feitos a bem da humanidade.

O psicodrama da Exaltação ao 3° Grau é um se estudar o mistério do sempre se existir ainda não percebido por se estar na forma de HIRAM (o corpo que é um Templo da Divindade esfacelada em elétrons com sua neguentropia[5], o que vem a ser, realmente, a Energia Absoluta nos seus diversos estágios).

---

[5] Neguentropia – aumento de conhecimento no espaço do Espírito – conhecimento que vai desde que se criou o universo, em crescendo a cada período de participação, em outros corpos.

O Candidato ao 3º Grau é levado a representar Hiram Abi, o ser que persiste mesmo depois da legendária morte do arquiteto do Templo (a concepção de energia no todo).

A Palavra do Grau lhe é dada depois de ele ter sido ressuscitado de uma morte simulando o estado de consciência, sem o apercebimento da verdade que lhe é intrínseca, o que é feito pelos cinco pontos de confraternização (os átomos, as células, o organismo em seu conjunto, a alma e o Espírito-Deus) expressos maçonicamente: m∴ a m∴, p∴ a p∴, j∴ a j∴, p∴ a p∴ e m∴ sobre as c∴.

A Palavra do Grau é a comunicação de uma mudança de estágio.

Segundo Pierre Weil, há no ser humano uma tendência à procura da unidade da existência universal, unidade que ele deixou de perceber e viver por uma hipertrofia do uso do neocéfalo em detrimento do paleocéfalo, dos cinco sentidos em detrimento do "sexto" sentido, do raciocínio em detrimento da intuição.

A força que leva à procura desta unidade fundamental é a consciência perscrutadora profundamente arraigada no homem, da existência de uma felicidade absoluta e, em razão desta consciência perscrutadora a ciência se desenvolverá a ponto de vislumbrar o subconsciente humano e aliada à tecnologia avançada chegará à intimidade do elétron, fazendo-nos cônscios da existência nossa em tempo eterno.

Todas as religiões atestam à sobrevivência da alma depois da morte.

> *Posso facilmente imaginar que já vivi em séculos anteriores e, ao deparar com perguntas a que ainda não posso responder, supor que me é necessário nascer novamente, por não ter completado a tarefa que me foi imposta.* C. G. JUNG.

Roger Stanislav Graf, portando-se ao moderno uso psicoterápico diz serem os "Samkaras" disposições, percepções ou tendências para agir de acordo com moldes estabelecidos por reações do passado.

O mesmo autor nos lembra que em experiências transpessoais, um Ego mais amplo, certamente mais conectadas com o Eu Superior, o Si-Mesmo, o Atman, Purusha, Panku, etc., parece estar motivado em cuidar do processo cósmico da alma.

E o que é a alma? É a memória sintonizada dos elétrons na dinamização de sua neguentropia formando a individuação num presente corpo. O psicodrama da Exaltação ao 3º Grau transporta-nos a esta percepção na sua alegoria do drama de Hiram.

A Maçonaria em nos fazendo perceber a divindade na sua eterna vida da matéria, com seu "Ritual", será o desvendar do porquê nascemos, do porquê vivemos e do porquê não morremos.

Bibliografia

ARÃO, Manoel. *A Legenda e a História na Maçonaria*. Arquivo Maçônico, 1914.

CHARON, Jean E. *O Espírito, este Desconhecido*. Melhoramento.

CIPOLATTI. *O Apocalipse Maçônico*. **"A Verdade"**. Ano XLV – n.405 – maio/jun.1998.

DEWAR, James – *The Unlocked Secret*. Londres: Freemasonry Examined, 1982.

LIMA, Pereyra. *Maçonaria Científica*. Aurora.

WEIL, Pierre. *A Consciência Cósmica*. Vozes, 1990.

∴